资产证券化中的信息不对称问题研究
Research on Information Asymmetry in Securitization

李丽君 著

中国金融出版社

责任编辑：石　坚
责任校对：刘　明
责任印制：丁淮宾

图书在版编目（CIP）数据

资产证券化中的信息不对称问题研究（Zichan Zhengquanhua Zhongde Xinxi Buduichen Wenti Yanjiu）/李丽君著. —北京：中国金融出版社，2017.1

ISBN 978-7-5049-8784-6

Ⅰ.①资… Ⅱ.①李… Ⅲ.①资产证券化—不对称信息—研究—中国 Ⅳ.①F832.51

中国版本图书馆 CIP 数据核字（2016）第 271199 号

出版 中国金融出版社
发行
社址　北京市丰台区益泽路2号
市场开发部　（010）63266347，63805472，63439533（传真）
网上书店　http://www.chinafph.com
　　　　　（010）63286832，63365686（传真）
读者服务部　（010）66070833，62568380
邮编　100071
经销　新华书店
印刷　北京市松源印刷有限公司
尺寸　169 毫米 × 239 毫米
印张　14.75
字数　218 千
版次　2017 年 1 月第 1 版
印次　2017 年 1 月第 1 次印刷
定价　48.00 元
ISBN 978-7-5049-8784-6/F.8344
如出现印装错误本社负责调换　联系电话（010）63263947

摘　　要

次贷危机发生以来，资产证券化市场发生了重大变化，无论是市场状况的转变，还是相应监管制度的改革，都引起了国际范围内的广泛关注。特别是在次贷危机中，资产证券化中的信息不对称问题急剧恶化，被认为是引发次贷危机的重要因素，如何解决这些问题也成为次贷危机后监管改进的关注重点。

本文主要针对资产证券化中的信息不对称问题展开研究，对五大相关问题进行了深入讨论，具体包括：资产证券化设计与投资者信心、资产证券化过程中的逆向选择与道德风险、资产证券化信息不对称问题在次贷危机中的体现、次贷危机后的资产证券化监管改革、我国信贷资产证券化发展与信息不对称问题。全文采用定性分析与定量分析相结合的方法，对这些问题进行了理论和实证的分析与检验，并结合资产证券化实践，提出合理的应对策略与政策建议。

本文对资产证券化设计对金融市场信息不对称的作用机制进行了分析，发现资产证券化设计的根本作用是应对金融市场中的信息不对称问题，以减少投资者对资产的折价效应，增加资产的流动性。研究发现，投资者信心是连接资产证券化设计与资产证券化流动性的重要环节，即当资产证券化设计所传递的基础资产质量信号能够有效提升投资者信心时，投资者就会提高对资产支持证券的定价、增加对资产支持证券的投资，从而达到增加资产证券化流动性的目的。在资产证券化实践中，资产证券化设计所传递出的信号集中体现于资产证券化信用评级，从而对投资者信心产生显著影响。本文采用美国资产支持证券交易数据，通过事件研究的方法，证明了随着信用评级的上调，投资者对资产支持证券定价会出现显著的超额收益。这说明在资产证券化交易中，信用评级变动确实会对投资者信心产生显著的影响。进一步推论可以发现，在次贷危机发生前，过高的信用评级提升了投资者信心，促生了市场的迅速膨胀；次贷危机发生后，信用评级暴露出严重问题，导致投资者信心大幅降低，成为引发资产证券化市场流动性迅速枯竭的重要原因。

在对资产证券化过程中产生的信息不对称问题的分析讨论中，本文主要从资产证券化发起人的行为动机着手，对发起人行为可能引发的逆向选择和道德风险问题进行了分析与实证。本文采用次贷危机后 2011 年至 2015 年美国银行层面的季度数据，结合宏观经济因素，使用差分 GMM 估计方法对银行不良贷款率与银行证券化资产之间的关系进行了实证研究，并据此判断银行的资产证券化过程中是否存在逆向选择和道德风险。研究结果显示，中小型银行不良贷款率与证券化资产总额存在显著负相关，表明中小银行更倾向于选择低质贷款进行证券化，说明了逆向选择的存在；大型银行不良贷款率与证券化资产总额存在显著正相关，表明大型银行可能在证券化的过程中降低了对贷款的筛选，说明了道德风险的存在。依据这一结论，本文认为，在资产证券化监管的过程中，需要对不同规模的银行实施有区别、有针对性的监管措施。

基于上述分析结果，本文对资产证券化信息不对称问题在次贷危机中的体现进行了深入的探讨。分析结果表明，资产证券化中的信息不对称问题确实在次贷危机爆发中起到了不可忽视的破坏性作用。第一，与投资者信心密切相关的资产证券化信用评级在次贷危机中出现了明显问题，严重地打击了投资者信心，进而导致资产支持证券需求大幅降低。第二，次贷危机中大量住房抵押贷款的违约，很可能说明在资产证券化的条件下，发起人确实放松了对贷款的筛选标准，从而为次贷危机的爆发埋下了伏笔。第三，次贷危机中的资产证券化逆向选择问题并未完全如理论预期，而是显现出一定的发起人行为扭曲。针对这些问题，本文也提出了有针对性的应对策略与政策建议。

结合资产证券化信息不对称问题的原理及其在次贷危机中的表现，本文还对金融监管改革对资产证券化信息不对称问题的改进进行了讨论。研究表明，次贷危机后的金融监管改革确实能在一定程度上解决资产证券化信息不对称问题，包括缓解资产证券化过程中存在的道德风险与逆向选择问题，增强整个资产证券化市场的信息透明度，构造简单、透明、可比的资产证券化结构，减少信用评级过程中的利益冲突等。但是，监管改革依然未能完全解决许多根源性问题，例如，未能确立更具参考价值的信用评估指标，难以消除评级依赖问题；未能打破评级机构"发行人支付模式"，难以从根本上降低利益冲突发生的可能性；相应的行为准则实施存在一定阻碍，实施效果还不够明确。次贷危机后进行的资产证券化监管改革是大势所趋，但鉴于其中依然存在的种种问题，未来很可能还将面临进一步的改进。

在对资产证券化信息不对称问题对我国启示的讨论中，本文基于前文资产证券化信息不对称问题的理论与实践分析结果，结合我国信贷资产证券化发展的现状与特征，对我国信贷资产证券化中的信息不对称问题进行了深入分析。研究发现，相比国际成熟市场，我国信贷资产证券化的设计相对简单、透明，信用评级相关的问题也未出现明显的恶化，因而在短期内不会引发投资者信心大幅降低。但是，由于相关市场机制和监管制度的不完善，以及次贷危机对投资者心理的影响，使投资者信心不足，二级市场表现并不活跃。我国目前的信贷资产支持证券的基础资产质量也并未出现恶化的迹象，但不排除作为发起人的中小银行在一定的条件下出现逆向选择问题，同样需要警惕作为发起人的大型银行在一定条件下出现道德风险问题。结合国际资产证券化实践经验，本文认为，我国信贷资产证券化发展需要在保障发展的同时，关注危机预防与监管改革，从而更好地应对资产证券化中的信息不对称问题。

关键词： 资产证券化　信息不对称　道德风险　逆向选择　投资者信心

Abstract

Ever since subprime crisis, the securitization market has changed dramatically both in market mechanism and regulations, which has caused broad concern worldwide. Especially during the crisis, the information asymmetry problems in securitization experienced rapid deterioration, which was seen as a key driver of the crisis. How to fix such problems became the key issue in the reform of regulation after crisis.

This research mainly focuses on securitization related issues in the perspective of information asymmetry, and consists of five topics: what the relation is between securitization design and investor confidence, whether adverse selection or moral hazard exists in the process of securitization, how information asymmetry problems affect securitization market during crisis, what the reform of securitization regulation is about, and what the effects of information asymmetry are to securitization in China. The research applies both qualitative and empirical analysis methods to analyze such issues and test the results. Considering securitization practice, the research also provids some related policy advice.

The research analyzes the mechanism of the effects of securitization design to the information asymmetry in financial market, and finds that the purpose of securitization design is basically to mitigate information asymmetry in financial market, decrease the lemon – discount effects and increase liquidity of asset – backed securities. Investor confidence is the key factor linking the securitization design to asset – backed securities liquidity. That means, when the signals originated from securitization design effectively increase investor confidence, investors would raise the valuation of the asset – backed securities and enlarge the trading volume. In securitization practice, the signals originated from securitization design are mostly reflected on securitization credit ratings, so credit ratings are expected to have significant effects on investor confidence. The research also conducts an empirical analysis with event study method and the US MBS trading data. The results of the empirical analysis show that, when the credit ratings are raised, the investors' bid price shows significant excess earnings. That means, the credit ratings do have significant effects on investor confidence. That explains, before the crisis, the overvalued ratings of securitization increased investor confidence, which stimulated the booming of the markets; after the crisis, investors realized that problems exist in credit rating process, which obviously hurts investor confidence, then led to the drying up of liquidity of the whole market.

Under the study of the information asymmetry problems in securitization process, the research starts from the incentives of originators, and focuses on the analysis and empirical test of adverse selection and moral hazard in originators' behaviors. The research applies the US bank – level data and several macroeconomic factors to the diff – GMM estimation to test the correlation between non – performing loans (NPLs) ratio and managed securitized assets off – balance – sheet, which could provide the evidence of adverse selection and moral hazard in securitization. The empirical analysis results show that the NPLs ratios of the mid and small size banks in the sample are negatively correlated with the amount of securitized assets, which means, the mid and small size banks are more likely to securitize bad quality loans, indicating that adverse selection do exist in securitization; the NPLs ratios of the large size banks in the sample are positively correlated with the amount of securitized assets, which means, the large banks might lower the screening, indicating that moral hazard do exist in securitization. Based on the results, the research suggests that the regulation standards to securitization should be different to different sized banks.

Based on the results mentioned above, the research takes a deepanalysis on the information asymmetry problems in securitization during subprime crisis. The results show that the information asymmetry problems in securitization took non – negligible effects on the explosion of crisis. Firstly, credit ratings, which are significantly related with investor confidence, exposed severe problems, which hurts the investor confidence, and leads to the dramatically decreasing of demand of securitization investment. Secondly, lots of mortgages defaulted during crisis, which probably results from the lax screening from originators, and seeds the crisis. Thirdly, the adverse selection in securitization process does not follow the theoretical expectation, but shows the behavior disorder of originators or issuers. The research also provides some related policy advice.

Considering the mechanism of information asymmetry problems in securitization and its reflection in crisis, the research also conducts a study on the reform of regulation in securitization. The results show that the reform of regulation after crisis can improve information asymmetry in securitization to some extent, including ease the adverse selection and moral hazard exist in securitization process, increase the transparency of securitization market, build simple, transparent, and comparable securitization structure, and decrease the conflict of interest in the credit rating process. However, the reform of regulation still cannot solve some key issues. The reform did not build new credit risk indicator to solve the problem of over reliance on credit ratings; the reform did not change the issuer – pay model in credit rating agencies, which may lead to serious conflict of interst; some of the new principles are not adopted properly, and the effects of implementation are still unclear. Carring on the reform of regulation after crisis is the main trend, and considering the drawbacks exist in current regulation, the securtization related regulation probably is confronted with further reform in the future.

In the study of the effects of information asymmetry in securitization and the securitization market development in China, considering China's market features and current situation, based on the theory and practice analysis mentioned above, the research carries on the analysis of the information asymmetry in China's securitization market. The results show that, compared with the mature market, the securitization design in China's market is relatively simple and transparent, and the credit ratings issues are not significant, so the serious deterioration of investor confidence would not appear in China's market in the short term. But since the market machenism and regulation are still under development and the crisis significantly affects investors' sentiment, the investor confidence in China's market is still insufficient, which leads to the inactive trading in secondary market. The qualities of the underlying assets of securitization are not under serious deterioration in China's market, but adverse selection may exist under some specific situations when the originators are mid and small sized banks, and moral hazard may exist when the originators are large sized banks. Combined with the practice experience of securitization in mature markets, the research indicates that, during the process of the development of securitization in China's market, it is important to focus on crisis prevention and reform of regulation, to solve the information asymmetry related problems in securitization.

Keywords: securitization, information asymmetry, adverse selection, moral hazard, investor confidence

目　　录

1　导　论　1

1.1　选题背景和意义　3

1.1.1　国际资产证券化发展　3

1.1.2　我国信贷资产证券化发展　4

1.1.3　研究意义　4

1.2　研究对象、方法与技术路线　5

1.2.1　研究对象　5

1.2.2　研究方法　6

1.2.3　技术路线　6

2　文献综述　9

2.1　信息不对称与资产证券化决策　11

- 2.2 信息不对称与资产证券化设计　12
  - 2.2.1 资产打包与分级设计　12
  - 2.2.2 非信息敏感资产设计　13
  - 2.2.3 风险自留与其他资产设计　14
- 2.3 资产证券化中的道德风险与逆向选择　16
  - 2.3.1 资产证券化中存在道德风险与逆向选择　17
  - 2.3.2 道德风险与逆向选择不必然由资产证券化引起　18
- 2.4 金融危机与资产证券化　19
- 2.5 我国资产证券化研究现状　21
- 2.6 结论　23

3 资产证券化设计、信息不对称与投资者信心　25

- 3.1 引言　27
- 3.2 资产证券化设计对信息不对称的作用机制　31
  - 3.2.1 资产合并与分层　31
  - 3.2.2 风险自留　36
  - 3.2.3 特殊目的机制与隐性追索权　41
- 3.3 资产证券化设计作用机制与投资者信心　44
  - 3.3.1 投资者信心定义与衡量　44
  - 3.3.2 投资者信心对资产证券化流动性的影响　46
  - 3.3.3 资产证券化信用评级与投资者信心　49
- 3.4 实证方法　51
  - 3.4.1 研究思路　51
  - 3.4.2 事件研究模型构建　52
  - 3.4.3 数据描述　57
- 3.5 实证结果　58
  - 3.5.1 实证结果与检验　58
  - 3.5.2 结论分析　66

3.6　结论与政策建议　66

4　资产证券化中的道德风险与逆向选择　71

4.1　引言　73

4.2　理论基础　74

4.3　逆向选择、道德风险与不良贷款率　77

 4.3.1　逆向选择与道德风险下的发起人行为　77

 4.3.2　发起人行为衡量与不良贷款率　80

 4.3.3　逆向选择与道德风险衡量　82

4.4　实证方法　84

 4.4.1　研究思路　84

 4.4.2　GMM 模型构建　86

 4.4.3　数据描述　88

4.5　实证结果与稳健性检验　89

 4.5.1　实证结果　89

 4.5.2　稳健性检验　93

4.6　结论与政策建议　95

5　次贷危机中的资产证券化信息不对称问题　99

5.1　引言　101

5.2　次贷危机中的资产证券化　103

 5.2.1　次贷危机回顾　103

 5.2.2　次贷危机中的住房抵押贷款与资产证券化　107

5.3　金融市场信息不对称与资产证券化设计　114

 5.3.1　次贷危机下的市场信息不对称状况　114

 5.3.2　信用评级与投资者信心　116

 5.3.3　政府救市与投资者信心　122

5.4 资产证券化过程中的信息不对称问题　124
　　5.4.1 资产证券化中的经济摩擦　124
　　5.4.2 资产证券化中的道德风险　126
　　5.4.3 资产证券化中的逆向选择　129
5.5 结论与政策建议　131

6　资产证券化与金融监管改革　135

6.1 引言　137
6.2 资产证券化过程监管　138
　　6.2.1 风险自留　138
　　6.2.2 信息披露　140
　　6.2.3 资产证券化结构　144
6.3 资产证券化信用评级监管　147
　　6.3.1 信用评级机构监管　147
　　6.3.2 降低评级依赖　149
　　6.3.3 信用评级监管发展趋势　150
6.4 资产证券化资本监管　151
　　6.4.1 基本介绍　151
　　6.4.2 主要修订内容　153
　　6.4.3 修订影响与评价　155
6.5 结论与政策建议　157

7　资产证券化信息不对称问题对我国的启示　161

7.1 引言　163
7.2 我国信贷资产证券化发展现状　164
　　7.2.1 发展历程　164
　　7.2.2 市场特征　166

7.2.3　监管现状　170
7.3　我国信贷资产证券化中的信息不对称问题　173
7.3.1　资产证券化设计与投资者信心　173
7.3.2　资产证券化中的道德风险和逆向选择　176
7.4　国际资产证券化实践对我国的启示　179
7.4.1　市场发展　179
7.4.2　危机预防　181
7.4.3　监管改革　183
7.5　结论与政策建议　184

结　语　187

参考文献　194

附　录　208

附录1：逐日累加累积超额收益参数检验结果　208
附录2：逐日累加累积超额收益非参数检验结果　211
附录3：IMF全球金融稳定地图指标构成　213
附录4：STC标准具体内容（原表）　214

图表索引

图1-1　技术路线图　7
图3-1　资产证券化流程图　28
图3-2　资产证券化两步过程图　35
图3-3　资产证券化需求曲线　38
图3-4　资产价值信息敏感度与波动性对发行收益的影响　38
图3-5　资产证券化风险自留模式　39
图3-6　资产证券化风险自留与收益　40
图3-7　资产证券化投资者定价结构图　47
图3-8　事件研究的窗口划分　54
图3-9　平均累积超额收益与平均超额收益时序图　65
图5-1　次贷危机的五阶段　105
图5-2　全球金融稳定地图　106
图5-3　美国住房抵押贷款证券化比例　110
图5-4　美国住房抵押贷款与证券化增长率　111
图5-5　美国住房抵押贷款违约指数　112
图5-6　资产证券化发行量与投资者信心　115
图5-7　资产证券化信用评级流程　117

图 5-8　次级抵押贷款资产证券化核心参与者与经济摩擦　125
图 5-9　美国住房抵押贷款证券化比例　127
图 5-10　美国贷款标准变动指标　129
图 6-1　资产证券化框架层次结构　154
图 7-1　我国信贷资产证券化发行统计　166
图 7-2　我国信贷资产证券化存量统计　167
图 7-3　美国资产证券化存量统计　167
图 7-4　我国信贷资产支持证券二级市场成交额　168
图 7-5　我国信贷资产支持证券基础资产分类统计　169
图 7-6　我国信贷资产支持证券评级分布　170
图 7-7　我国信贷资产证券化评级机构统计　175
图 7-8　我国信贷资产支持证券违约情况统计　177

表 3-1　评级变动情况表　54
表 3-2　面板数据分布情况描述　58
表 3-3　数据样本统计描述　58
表 3-4　超额收益计算结果统计表　59
表 3-5　样本总体累积超额收益检验　60
表 3-6　逐日累加累积超额收益参数检验　61
表 3-7　逐日累加累积超额收益非参数检验　63
表 4-1　不良贷款率描述统计　88
表 4-2　估计变量描述统计　89
表 4-3　GMM 估计结果　92
表 4-4　Arellano-Bond 扰动项一阶差分自相关检验结果　93
表 4-5　重新划分银行规模的 GMM 估计结果　94
表 5-1　美国住房抵押贷款发行情况　109
表 6-1　STC 标准具体内容　145
表 6-2　巴塞尔委员会资产证券化资本监管发展历程　151
表 7-1　我国信贷资产证券化政策法规发展历程　171

1 导论

1.1 选题背景和意义

1.1.1 国际资产证券化发展

一般认为，资产证券化兴起于20世纪80年代，并于20世纪90年代随着金融创新的快速发展，迅速地繁荣了起来，成为了西方发达金融市场中重要的金融工具，并形成了庞大的资产证券化市场。在三十多年的发展中，国际上，特别是美国金融市场中的资产证券化种类不断丰富，设计不断复杂化，交易规模持续膨胀，对整个金融市场的繁荣形成了巨大的推动力。

然而，随着2007年次贷危机的爆发，与次级住房抵押贷款密切相关的资产证券化市场遭受到了前所未有的打击。长期繁荣的美国房市由盛转衰，导致大量的住房抵押贷款质量恶化，从而引发众多资产支持证券的集中违约，市场流动性迅速枯竭，市场发生连锁反应，风险迅速蔓延全球，近百年来最为严重的金融危机爆发。次贷危机的发生，让资产证券化过程中长期存在的信息不对称问题爆发出来，道德风险引起的贷款筛选标准放松，评级依赖导致的过度乐观的投资者信心，都让风险在资产证券化的"掩盖"下大量累积，为次贷危机埋下隐患。

次贷危机发生后，市场与监管者都迅速意识到了资产证券化过程中存在的巨大问题，并由此对市场运行和监管机制都进行了大刀阔斧的改革。次贷危机后的资产证券化监管改革，不仅涉及美国、欧盟等受到次贷危机重大影响的国家和地区，包括巴塞尔委员会、国际证监会组织等都针对次贷危机中资产证券化暴露出的问题作出了有效的应对措施，以帮助恢复资产证券化市场的正常秩序。但是，在有效的监管改革体系下，资产证券化市场却并未如预期中迅速恢复，反而在次贷危机结束后，丧失了大部分市场活力，市场需求跌至冰点，投资者信心持续低迷。在这种状况下，如何进一步推进资产证券化市场复苏与转型，成为市场运行、监管改革和学术研究新的主题。

1.1.2 我国信贷资产证券化发展

与西方成熟的资产证券化市场不同，我国的信贷资产证券化市场还很"年轻"。我国的信贷资产证券化市场于2005年正式开始试点，至2008年实现了初步发展，建立了基础制度和监管体系。在2008年次贷危机的影响下，我国信贷资产证券化试点从2009年开始至2012年停止，并于2012年5月重启。重启后的信贷资产证券化市场，在国家政策的引导下，从2014年开始呈现"井喷式"发展，市场规模迅速扩大，市场参与者持续增加，市场产品种类开始呈现多样化特点。

就我国当前信贷资产证券化而言，虽然发展非常迅速，但整体来讲依然处于初级的发展阶段；我国相应的信贷资产证券化市场机制与监管体系还不够完善，市场发展过程中出现的新问题都亟需解决。特别是在我国经济"新常态"的背景下，如何合理地推进信贷资产证券化发展，推动整个金融市场的活跃与发展，支持实体经济的结构转型等问题，都成为了目前发展所关注的热点。

1.1.3 研究意义

资产证券化问题历来是金融研究领域所关注的重要问题，特别是次贷危机爆发之后，大量的国内外学者对资产证券化中的风险问题进行了大量的研究。而对相应问题的研究中，资产证券化中的信息不对称问题，包括资产证券化对金融市场信息不对称的作用机制、资产证券化过程中产生的道德风险与逆向选择问题等，都成为了学界和业界讨论的热点。但就目前的研究成果来看，对这些问题的讨论并没有形成完整、统一的结论，相关的研究还需要进一步的讨论与深化。

我国从2012年信贷资产证券化试点重启以来，在市场迅速发展的进程中，开始面临着新问题、新风险。特别是资产证券化的信息不对称问题，是否存在于我国的市场中，会对我国信贷资产证券化发展造成怎样的影响，这些问题都成为我国学界和业界需要讨论的热点。在这样的背景下，亟需引入和借鉴国际成熟资产证券化市场先进的理论与实践经验，结合我国的市场特征与发展状况，为构建有效的市场机制和审慎的监管体系提供依据。

本文就是在上述研究背景下，确立了"资产证券化中的信息不对称问题"的研究主题，希望通过对美国等成熟市场的资产证券化中信息不对称问题进行理论剖析，发现资产证券化与信息不对称问题的根本原理，并结合市场实际和危机分析，得出具有一定普遍意义的结论，来解释资产证券化中信息不对称问题的产生原理与作用机制，并提出对资产证券化市场改进的建议。基于这些研究结果，结合对我国信贷资产证券化市场发展的现状分析，对我国市场中存在的信息对称问题进行解析，从而为进一步发展提供有效建议。

1.2 研究对象、方法与技术路线

1.2.1 研究对象

本文的研究主题为"资产证券化中的信息不对称问题研究"。其中，资产证券化[①]特指信贷资产证券化，又称"结构化金融"，指金融机构通过特定目的机制将同质但缺乏流动性的资产汇集形成资产池，收益由池中资产的未来现金流与其他利益流入担保，进而重新打包设计为证券，向第三方投资者发行（Fabozzi 和 Kothari，2014）。"信息不对称"则是指金融市场中，交易对手之间存在的信息不对等的状况。

本文主要对资产证券化过程中的信息不对称问题进行研究，包括但不

---

① 在美国市场中，由于信贷资产证券化是资产证券化市场中的主流，因而一般研究所指的资产证券化表示信贷资产证券化。我国资产证券化划分为信贷资产证券化和其他资产证券化，为了保持理论研究的前后一致性，本文对我国资产证券化的研究也主要集中于信贷资产证券化。

限于资产证券化设计对信息不对称的作用机制、资产证券化过程中产生的道德风险与逆向选择。在这一框架下，进一步对次贷危机中资产证券化中的信息不对称问题的表现、作用原因进行研究，并对相应的监管应对策略进行分析。在上述研究的基础上，针对我国信贷资产证券化中的信息不对称问题进行讨论，并给出相应的政策建议。

1.2.2 研究方法

本文的研究主要采用了逻辑分析、定量分析、定性分析与政策分析四种方法。在对资产证券化设计对金融市场信息不对称的作用机制、资产证券化中的逆向选择与道德风险的分析中，采用逻辑分析的方法，基于资产证券化基本设计原理和信息不对称基本逻辑，结合一定的合理假设，对相应问题的产生、作用机制、影响因素进行理论上的解释。在逻辑分析的基础上，采用美国市场中的实际数据，对相应的逻辑推断进行实证检验。在对资产证券化在次贷危机中的表现、我国信贷资产证券化发展问题的研究中，则结合大量市场的统计数据，进行定性分析。在对资产证券化与金融监管改革的研究中，则主要采用了政策分析的方法。

1.2.3 技术路线

本文的研究主要按照由理论到实践、由原理到现象的演绎逻辑线条展开，并划分为理论分析与应用分析两大部分先后进行讨论。在首先进行的理论分析部分，主要采用逻辑分析和实证分析相结合的方法，分别对资产证券化设计对信息不对称的作用机制和资产证券化过程中所产生的信息不对称问题进行分析和检验，得出信息不对称视角下资产证券化设计与过程有关的基础问题分析的结论。在应用分析部分，在理论分析结果的基础上，采用定性分析、案例分析和政策分析的方法，分别对资产证券化信息不对称问题在次贷危机中的体现和金融监管对资产证券化信息不对称问题的改进问题进行讨论。此后，根据理论分析和应用分析部分的研究结论，结合我国信贷资产证券化的发展特征，讨论资产证券化信息不对称问题对我国信贷资产证券化发展的启示，如图 1-1 所示。

具体而言，理论分析部分对应本文"第3章：资产证券化设计、信息不对称与投资者信心"、"第4章：资产证券化中的道德风险与逆向选择"；应用分析部分对应本文"第5章：次贷危机中的资产证券化信息不对称问题"、"第6章：资产证券化与金融监管改革"；对我国信贷资产证券化的研究则体现在"第7章：资产证券化信息不对称问题对我国的启示"中。

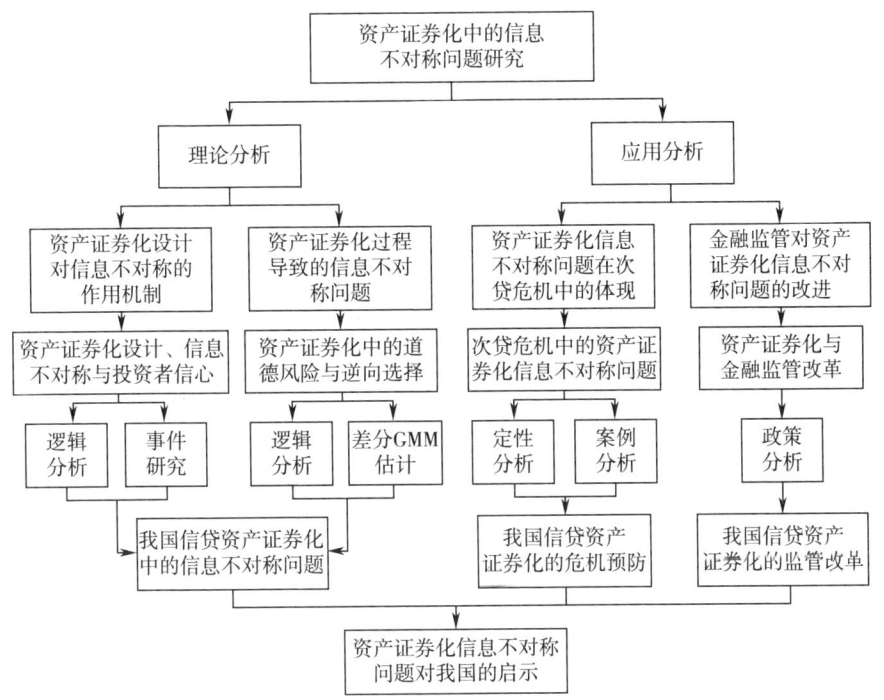

图1-1 技术路线图

2
文献综述

理论界对信息不对称问题的研究由来已久。早在 Akerlof（1970）关于"柠檬市场"（Lemon Market）的描述中就提出，由于买卖双方存在信息不对称问题，使处于信息劣势的买方难以准确判断资产质量，从而刺激卖方总是希望卖出质量差的资产，即出现逆向选择问题。与之相对应的则是另一个重要概念——道德风险。同样是由于信息不对称的存在，处于信息劣势的一方难以观测对方的行为，无法确认对方是否总是采取正确的行动，即存在道德风险问题。正如 Holmstrom（1979）所描述的，合同往往不能体现出私人行为的信息，因而在缺乏适当激励的情况下，道德风险问题就会产生。毋庸置疑，这些问题的提出，为金融领域的研究带来了重大影响。基于信息不对称的分析，Leland 和 Pyle（1977）建立了金融中介模型，并提出项目所有者对项目的投资意愿可以传递积极的质量信号，可以解决存在的信息不对称问题。资产证券化作为金融发展的产物，其决策动机、资产设计等问题的研究，自然也离不开信息不对称问题。

2.1 信息不对称与资产证券化决策

银行在进行融资决策的时候，应该选择吸收存款还是通过资产证券化出售贷款？Greenbaum 和 Thakor（1987）分别考虑了信用市场的信息不对称、信息处理技术与政府介入这三个可能影响银行融资决策的因素，并将其置于融资模型中进行了分析。结果发现，当信息不对称与政府介入均不存在时，银行对存款融资与资产证券化的偏好并无差别；当仅存在信息不对称时，银行则会选择资产证券化最优质资产，而对最差的资产采用存款融资；在信息不对称存在的情况下，存款保险制度与政府监管则会对银行融资选择产生影响——宽松的监管会导致银行偏向于存款融资，而严格的监管会提升银行资产证券化的动机。此外，信息技术也会影响资产证券化的选择——只有当处理信息的成本足够低时，才会出现资产证券化。总而言之，信息不对称问题贯穿了银行融资决策的始终，它为银行选择资产证券化提供了必要的动机，而信息处理技术则是进行资产证券化的重要条件。

从流动性获取的角度来讲，复杂的资产证券化与更为简便的贷款整体出售都是可行的选择。银行之所以会选择资产证券化，其原因也在于交易市场上存在的信息不对称。Riddiough（1997）在对这两种流动性获得途径的考察中发现，由于贷款的买方难以获得贷款的准确质量信息，使贷款整体出售往往面临着折价。在资产证券化过程中，贷款通过打包分级的设计，可以按照风险高低分别出售，投资者更乐于购买低风险资产部分，而高风险资产则被留存在表内。这就使整个贷款资产组合价值最接近其内部价值。也就是说，在资产证券化框架下，逆向选择带来的折价成本可以通过银行卖出低风险资产，留存高风险资产而得到减除，因而资产证券化总是优于贷款整体出售。

对于银行本身而言，信息不对称为资产证券化决策提供了动机。而从社会福利的角度出发，资产证券化的价值究竟如何？对这一根本性的问题，理论界还没有定论。Gorton 和 Souleles（2007）通过对特殊目的机构（Special Purpose Vehicle，SPV）的研究，提出隐性追索权（Implicit Recourse）很可能是体现资产证券化价值的指标。为应对资产证券化过程中的信息不对称问题，当资产证券化的收益高于表内融资的成本时，银行会通过附加合约的形式为 SPV 提供支持，如保障贷款违约后的兑付，也称隐性追索权。由于这样的隐性合约并非单纯地依赖法律准则，而是来源于交易双方的经济关系，因而能够为经济运行提供额外的支持，可以体现为资产证券化的价值。

2.2 信息不对称与资产证券化设计

2.2.1 资产打包与分级设计

一般认为，当市场能够最大限度地反映资产信息时，资产价格才会最为接近其内在价值。因此，信息不对称的出现，会给资产带来折价效应，甚至出现"柠檬市场"。在这一逻辑框架下，资产的卖方往往不会选择打包出售资产（可能导致一些积极的质量信息被掩盖），也不会限制资产质量信息的传递。但事实上，在抵押支持证券（Mortgage Based Sucurities，MBS）市场中，抵押贷款被大量打包出售，且发行者通常只披露基本的资产信息。针对这一谜题，Glaeser 和 Kallal（1997）给出了解答。假设市场中有三个主体：发起人、知情（Informed）的金融中介和无知（Uninformed）的金融市场。资产在发起人出售给金融中介的过程中，不存在信息问题；而当金融中介将资产再次销售于市场时，信息不对称问题出现。在这样的假设中，如果发起人披露出更多的信息，反而会加剧信息的不对称性，引发严重的"柠檬问题"。由此可知，选择资产打包销售为更优的选择。资产证券化正是建立在这一假设交易关系的基础之上的，因而选择将贷款资产组合打包成为资产证券化设计必然的选择。

DeMarzo（2005）则假设只有发行人享有信息优势，因而可以根据每个资产的质量情况，选择相应的出售数量。贷款资产的合并（Pooling）则显然破坏了这一选择权，如果发行人通过信号向投资者传达资产质量信息，成本就会增加。这种信息破坏效应（Information Destruction Effect）表明，对于发行人而言，以资产池的形式出售资产并非最优选择。但是，当同时引入分层（Tranching）的时候，却可能得到最优的结果。其原理就在于，当资产的风险非高度相关时，发行者可以通过分级构造出不同风险的资产，以应对投资者对风险的不同偏好。而当发行人不占有信息优势时，仅进行贷款资产合并就能获得比单独出售资产更优的结果。

2.2.2 非信息敏感资产设计

资产证券化的另一个典型特征是使用信用增强（Credit Enhancement）的设计。一般认为，这种非信息敏感性的设计，对信息不对称带来的折价效应有更为直接的效果。Park（2013）对这一理论在资产证券化中的体现进行了证实。研究采用 2004~2007 年次贷 MBS 数据（包含抵押贷款特征数据与交易结构），对次贷危机前的次贷资产证券化的结构与定价进行了实证分析。分析发现，信用增强反映了基础抵押品的信用风险，因此 AAA 级 MBS 的质量并未恶化，且 AAA 级的价差绝大多数来源于债券市场状况，并非与抵押品信用风险相关。这一结果表明，AAA 级 MBS 的定价与设计很可能是非信息敏感的，说明资产证券化的设计使市场的参与者减少了了解基础抵押品信息的动机。与此相反，BBB 级 MBS 则反映了抵押品的信用风险，因而是信息敏感的。这也就解释了为什么绝大多数 BBB 级 MBS 进行了再证券化以建立非信息敏感资产。

隐性追索权在资产证券化中的加入，则是一个典型的降低资产信息敏感度的设计，也为解决逆向选择问题提供了途径。Higgins 和 Mason（2004）在研究中记录了 20 世纪 90 年代以来的 17 个独立的资产证券化中发生的追索事件，并通过分析追索事件中的发起人股票回报、经营业绩与资产证券化活动的持续性，来考察追索权给资产证券化发起人带来的影响。研究表明，发起人的股价在短期与长期均会随着追索权的实施而增长，长期经营业绩也表现出同样的反应。这就表明，追索权的设计会在短期内增加发起人的发行成本，但是从长期来看，会对发起人的声誉产生正面效应，进而保证资产证券化业务的持续进行。Vermilyea 等（2008）则通过对信用卡资产证券化的研究，对隐性追索权的发生机制进行了实证。结果表明，对于全体银行而言，进行信用卡应收款证券化的银行比无证券化银行更倾向于宣布欺诈损失[①]，说明银行通过承担损失来对证券化工具提供支持，即提供隐性追索权；对于进行信用卡资产证券化的银行而言，有较差信托的银行更为倾向于宣布更高的欺诈损失，也提供了隐性追索权存在的证据。

2.2.3 风险自留与其他资产设计

传统的金融中介理论认为，当银行不再承担贷款违约的风险时，就失去了管理、筛选借款人的动机，这就使银行难以获得投资者的信任，贷款

---

① 在信用卡资产证券化的规则中，欺诈损失由发起人承担，信用损失由投资者承担。作为基础资产的信用卡应收出现损失时，发起人可以选择宣布发生的损失来自欺诈，从而为投资者提供追索权，因而这种行为可以被视为发起人对资产支持证券提供的隐性的信用支持。

难以在市场上再次获得交易。因此，要实现贷款的资产证券化，就需要克服道德风险所产生影响。

早在 Leland 和 Pyle（1977）的研究中就指出，融资一方可以通过表现出对项目的投资意愿来实现信号作用，向投资者传递积极的信息。Pennacchi（1988）与 Gordon 和 Pennacchi（1995）正是基于这一原理，对银行的贷款出售行为进行了理论验证，证明了这一理论在资产证券化设计中同样适用。在银行出售贷款时，自留部分贷款的行为，能够向投资者传达出银行会继续努力管理和筛选借款人的信号，增加投资者的信任，且银行会对更高风险的贷款进行更高比例的自留。Demarzo 和 Duffie（1999）则在对资产流动性的分析中得出，当信息不对称存在时，资产发行人掌握私有信息的情形很可能导致资产缺乏流动性，市场对其有一个向下倾斜的需求曲线。为增加资产的流动性，发行人可以选择通过留存部分资产来向投资者传达资产积极的质量信息，而这种资产留存即为流动性成本。

Fender 和 Mitchell（2009）则是在前人研究的基础上，专门针对资产证券化中的资产自留设计进行了研究。其研究主要集中于三种契约机制：发起人"垂直"持有部分资产或者持有整体组合的一部分；发起人持有权益层（Equity Tranche）的一部分；发起人持有中间层（Mezzanine Tranche）的一部分。不同的机制导致对借款人筛选的不同，对系统性风险的敏感度也有所不同。通过模型分析，可以得出：权益层自留不必然是最有效的方式，在一些情况下，中间层或垂直持有能更为有效地激励银行对借款人筛选的努力；只有当整体情况不处于下行不利的情况下，权益层自留才可能有效；权益层自留要有效，首先需要保证权益层足够充足，且经济环境的保持良好。总而言之，在经济下行的时候，权益层自留并不能有效激励筛选努力。相反，垂直自留则显得更为有效。这不仅为资产证券产品的发行人提供了自留设计思路，也为监管当局对资产证券化自留规定的设定提供了依据。

上述理论在实证检验中也得到了证实。Chen 等（2008）对银行信贷资产证券化资产的自留设计的决定因素进行了分析。通过分析检验银行股权风险与证券化贷款特征的关系，发现当出现以下三种情况时，银行会选择留存更多的风险：第一，贷款有更高的信用风险，或贷款的信用风险状况更少地为外部所了解，银行必须通过增加对证券化资产的留存来预防逆向选择问题的产生；第二，当贷款为循环贷款时，银行则需要提供隐性追索权；第三，当资产池基于公共信息时有更高的风险，银行要选择自留更多的权益级资产。Keys等（2010）也通过实证表明，风险共担机制（Skin-in-the-Game）能够有效缓解道德风险问题。

除此之外，针对信息不对称在资产证券化过程中带来的道德风险问题，有研究对其他可能的最优资产设计也进行了探索。在资产证券化过程中，贷款发行人面临着一个困境：是采用高标准发行高质量的贷款，还是放松标准来节约成本。在资产发行的时间点，投资者还无法观测到发行人的私人行为，因而无法准确获知所购买贷款的质量。然而，在证券化产品发行后的一定时间内，贷款的违约情况就会反映出来，从而将资产质量的信息传递给投资者。基于这样的原理，Hartman-Glaser等（2012）设计出了最优资产证券化模式：投资者在初始时刻获得整个贷款资产，但并不进行支付；历经一定时间后，如果违约没有发生，才将费用全部付给发行人。这种合同设计更靠近最优合同的效率，但同样可能导致交易双方操作贷款违约。例如，发行人有可能尽量拖延违约事件直到收到支付；投资者可能去贿赂借款人令其违约，以免去对发行人的支付。该研究提出了一个可能的解决办法，就是建立第三方机构，这也将有可能成为未来资产证券化设计的发展方向之一。

2.3 资产证券化中的道德风险与逆向选择

随着2007年次贷危机的爆发，证券化资产大量违约，整个市场迅速缩水。资产证券化过程中是否产生道德风险与逆向选择，其在次贷危机中如何体现等问题，都成为理论界争论的焦点。与之前的理论研究相比，次贷危机后的研究更多地落脚于实证研究，因而其最终结论也因实际证券化产品设计、发行地区、实施准则等因素的不同而存在差异。

2.3.1 资产证券化中存在道德风险与逆向选择

有研究表明，在资产证券化过程中，确实可能出现道德风险与逆向选择问题。Berndt 和 Gupta（2009）通过对贷款活跃于二级市场的借款企业表现进行分析，发现这些企业的表现明显差于其他企业，其企业价值损失相较其他企业高出15%。该研究给出了两种可能的解释：一是逆向选择，即银行将有负面信息的贷款出售；二是道德风险，即当银行与借款人的关系隔离时，银行对借款人的控制与管理动机降低。

一些研究特别指出，在资产证券化市场，特别是 MBS 交易中存在逆向选择问题。Downing 等（2009）通过对证券化资产质量进行模型分析与实证检验，发现银行确实会选择将质量较差的资产投入到资产证券化的过程中。该研究采用1991~2000年 MBS 市场的数据对模型进行了估计。结果显示，出售给 SPV 的贷款平均价值低于未出售贷款0.39美元，存在"柠檬利差"（Lemons Spread）4~6个基本点，证明了逆向选择问题在 MBS 市场确实存在。Agarwal 等（2012）则通过对2004~2007年发行的抵押贷款的大数据分析，发现在优级（Prime）抵押贷款市场，银行往往卖出低违约风险的贷款，将高违约风险贷款自留；被证券化的抵押贷款往往有更高的提前偿付风险。也就是说，银行通过自留低提前偿付风险资产和卖出低违约资产，可以实现获利，为逆向选择创造了动机。与优级市场不同的是，在次级市场，由于政府支持机构（Government Sponsored Entities, GSEs）在买入贷款后，会基于贷款的信用风险对其进行适当的管控措施，因而少有逆向选择问题。因此，逆向选择问题确实出现在优级 MBS 市场，但是次级 MBS 市场则并不明确。

一些研究则表明，资产证券化过程确实会导致贷款筛选标准的降低，即出现道德风险问题。Elul（2009）采用2005~2006年抵押贷款的大样本数据，回归分析了资产证券化与抵押贷款表现之间的关系。结果表明，证券化后的抵押贷款表现确实差于同类非证券化抵押贷款，且这一效应主要集中于低信息（Low Documentation）的贷款中，表明很有可能是银行降低证券化贷款的审核与管理标准引发了资产质量的下降。在这一结论的基础上，Keys 等（2010）对资产证券化是否导致了宽松的借款人筛选问题进行了实证。研究认为，贷款质量不仅决定于借款人的"硬信息"（Hard Information），如借款人 FICO 评分；更取决于"软信息"（Soft Information），如借款人未来收入的稳定性。在资产证券化的设计中，投资者通常只能观测到硬信息，因此资产质量的好坏决定于银行是否在收集软信息中付出了努力。根据经验法则，FICO 分数在 620 分以上的贷款更易于开展资产证券化，相反，FICO 在 620 分以下的贷款则难以获得证券化支持。该研究通过对比这两类贷款在特定阈值的表现发现，贷款违约率在 620 分界限出现了明显的跳跃，低信息（Low Documentation）的 620 分以上的贷款违约率高出平均违约率 10% ~ 15%。由于低信息很可能与银行放款贷款筛选准则有关，因而可以证明，资产证券化确实导致了贷款准则的放松。

2.3.2 道德风险与逆向选择不必然由资产证券化引起

虽然上述研究为资产证券化导致道德风险与逆向选择的问题提供了直接或间接的证据，但依然有研究通过对特定区域或特定类型的资产证券化产品研究，得出道德风险与逆向选择不必然由资产证券化引起的结论。

Albertazzi（2011）通过研究意大利资产证券化贷款层面数据、发起银行数据以及资产证券化合约特征，发现资产证券化并非想象中那样"邪恶"。研究表明，在资产证券化市场上，银行可以通过信号机制（如自留权益级资产）来出售信息不够透明的贷款，在建立银行信誉的同时也不会破坏原有的借贷准则。实证结果显示，证券化贷款反而具有较低的违约概率，银行出售优质资产，自留劣质资产来实现信号效用。此外，研究还提供了直接证据，证明银行会非常注重建立良好的信誉，以保证可以重复进入资产证券化市场获取融资。

Benmelech（2012）通过考察 CLO 的贷款表现，对资产证券化是否导致高风险的企业贷款进行了研究。结果显示，在公司贷款资产证券化中，逆向选择问题并没有想象中的那么严重。通过一连串的贷款表现测试发现，2005年以前的证券化企业贷款的表现并不比其他企业贷款差。可能的解释是，与抵押贷款不同，公司贷款往往在资产证券化前以联合贷款的形式存在，而联合贷款的建立首先需要解决信息不对称的问题，也正是这一步骤减少了公司贷款存在的逆向选择问题，因而其并未表现于资产证券化的过程中。也就是说，逆向选择问题不必然存在于资产证券化的过程中。

Bubb和Kaufman（2011）则对Keys等（2010）给出的结论予以了反驳。他们认为，资产证券化发起人之所以采用FICO 620分的经验法则，源自于GSEs对所购贷款的要求。在这样的理论假设下，Keys等（2010）得出的违约率跳跃就不能证明是资产证券化导致了贷款筛选放松。该研究通过对贷款层面数据的分析，发现即使是在资产证券化市场关闭的状态下，贷款违约率依然在特定阈值上出现了跳跃。基于这样的结果，Bubb和Kaufman（2011）认为，大型的资产证券化发行主体能够对贷款发起人的筛选行为进行控制，发起人对信用评级准则的采用就是有力证据。也就是说，资产证券化并不会带来道德风险问题。

2.4 金融危机与资产证券化

随着2007年次贷危机的爆发，资产支持证券违约，大量证券化载体被强制解约，整个市场迅速缩水，最终引发了全球金融海啸。在这一过程中，资产证券化成为众矢之的，其中的道德风险和逆向选择问题成为研究所关注的焦点。Demyank和Hemert（2011）在对次贷危机的研究中提出，在信贷周期中，贷款质量呈现下行的趋势，贷款准则的降低成为导致这一趋势的主因；周期内信贷市场的膨胀总是伴随着资产证券化的繁荣。也就是说，正是在过热的信贷市场环境下，持续下行的贷款质量最终引发了次贷危机。因此，资产证券中的道德风险问题带来的贷款准则降低，逆向选择导致的信贷的非理性的扩张，都可能成为解释次贷危机发生的原因。

Ashcraft 和 Schuermann（2008）针对次贷资产证券化的分析，给出了证券化过程中各主体之间存在的经济摩擦：道德风险（Moral Hazard）、逆向选择（Adverse Selection）、委托代理人问题（Principal Agent）、掠夺性贷款/借款（Predatory Lending or Borrowing）、模型错误（Model Error）问题、贷款欺诈（Mortgage Fraud）问题。研究特别强调，正是这些经济摩擦，最终导致了次贷危机的爆发。次贷危机发端于掠夺性贷款/借款问题，这使市场上出现了大量的过度信贷，给信贷市场的稳定带来了隐忧。由于资产管理经理和投资者之间存在委托代理问题，这就使资产管理经理总是希望获得超额的收益，因而愿意购买结构化金融产品，从而在相同的信用评级水平下获得更高收益，却放松了尽职调查，结构资产中的隐含风险不断积聚。而这一问题的存在，也使安排人（Arranger）对贷款进行严格的尽职调查的动机降低，高风险的贷款被投入到资产证券化中来。在这样的情况下，安排人和贷款发起人（Originator）之间的贷款欺诈问题发生的可能性上升，进而为掠夺性贷款/借款大开方便之门。由于信用评级模型中存在着模型错误，这就使发起人通过对信用评级模型的操纵，可以轻易获得所需的信用增级效果，进而将质量相对较差的资产以优质资产的"形象"推向市场。在各主体之间的摩擦不断恶化，风险不断积聚，最终引发市场崩溃。

不同于传统金融工具，资产证券化的特殊设计使资产具有了非信息敏感的属性。通过非信息敏感资产的设计，增加了资产证券化的流动性，减弱了外部冲击对资产价值的影响。但是，也正是由于对信息的不敏感，证券化资产在经济向好的时期过度膨胀，不断将市场推到了危险的边缘。Hanson 和 Sunderam（2010）通过对资产证券化的发行、表现以及其信息特性的分析，建立了这样一个模型：在宏观经济状况未知的情况下，投资者需要选择"无知"或是"知情"；其中，选择知情需要付出成本，需要在投资中获得补偿。在经济繁荣时期，好贷款与坏贷款质量的差别并不明显，发行人能够将大量非信息敏感的资产卖给"无知"的投资者，以达到降低融资成本的目的。但是在经济变差的时期，坏贷款的表现急剧下降，"无知"的投资依然无从获知贷款质量信息，也就不愿再购买非信敏感的证券化资产，导致"柠檬问题"的产生，使净现值大于零的资产也很有可能无法获得足够融资。随之而来的是市场流动性急剧减少，市场状况持续恶化。Dang、Gorton 和 Holmström（2012）则认为，在次贷危机的冲击下，非信息敏感资产（如证券化资产）变为了信息收集敏感型（Information Acquisition Sensitive）资产。原因就在于，当市场出现恐慌的状况下，投资人无从获取有关资产的私人信息，只能依据公共消息，支付低于资产基本价值的价格进行交易，从而造成了逆向选择问题，资产流动性迅速降低。这与 Hanson 和 Sunderam（2010）的研究结论相一致。

与上述观点不同，Shin（2009）认为资产证券化并不是通过出售低质量资产而引发次贷危机。依据资产证券化设计，银行往往将低质量的贷款通过权益级（Equity Tranche）的形式保留在表内，而并未出售给投资者。因此，次贷危机爆发的原因应更多地集中在信贷供给方面。当影子银行的风险承担能力不断增强时，对新资产的需求和杠杆同时增加。随着新资产规模不断膨胀，银行会寻求更多的投入。不断的扩张终究导致了泡沫的产生，当银行挖掘尽所有高质量借款人时，自然会将目标投放在次级借款客户身上。这类客户的引入，在缺乏恰当筛选和管理时，随之而来的就是信贷周期的下行。

2.5 我国资产证券化研究现状

与西方成熟市场相比，我国资产证券化起步晚，资产证券化问题研究，特别是针对资产证券化信息不对称相关问题的研究还并不成熟。基于西方的经典理论与研究经验，我国学者对相关领域进行了有效的探索，获得了更符合我国资产证券化实践的研究结果。

一般认为，应对信息不对称问题是进行资产证券化的动因之一。我国学者在对资产证券化动因研究中，也对其中所涉及的信息不对称问题及其所带来的流动性问题进行了分析和讨论。张超英（2003）在总结西方经典理论的基础上，认为资产证券化出现的根本动因是金融制度的演进，而道德风险假说等则是典型的金融制度演进的表现。郭桂霞和王勇（2012）则通过建立两期模型，对市场流动性预期、银行放贷规模与资产证券化规模之间的关系进行了分析。研究表明，只有当未来的流动性需求存在不确定性时，银行才会选择资产证券化；若银行高估了未来市场流动性，就会出现过度房贷和过度资产证券化。这也就证明了，银行进行资产证券化的动因与流动性密切相关。姚禄仕等（2012）通过对美国市场数据的验证，发现资产证券化能有效提升银行的资本充足率、降低融资成本、增强盈利能力与效率等，但是在降低流动性风险和提升贷款组合质量方面的效果并不明显。刘琪林、李富有（2013）则进一步加入了对银行规模的考虑，发现对于不同规模的银行，资产证券化程度对银行的盈利水平、资产流动性、风险水平等要素的影响存在显著差异。与较小规模银行相反，在资产证券化程度越高的情况下，大型银行的盈利水平会降低，风险水平会上升。

　　国内也有研究直接对资产证券化中的信息不对称问题进行了研究。刘吕科等（2013）建立了理论模型，同时对证券化资产价格和道德风险进行了考量。该模型假设当银行总是希望持有优质资产，当银行选择对劣质资产进行证券化时，就表现为道德风险，劣质的资产证券化数量就可以表现为道德风险的衡量。在面临流动性约束与监管约束时，通过最大化银行的利润，可以计算出银行应选择的最优资产证券化项目的数量。超过最优数量的资产证券化数量则可被视为道德风险导致的过度资产证券化，用于衡量道德风险水平。研究结论表明，在买方市场定价机制下，不同流动性约束下的银行可以根据相对优势，分享投资机会，道德水平较低，或者不存在道德风险问题；而在卖方市场定价机制下，银行有进行策略性资产证券化的激励，道德风险比较严重。叶凌风（2006）则将视角集中于服务商与特殊目的机制之间。该研究认为，在资产证券化过程中，服务商负责证券化资产的管理职责，如收取利息、报告财产状况、维护资产质量等。由于信息不对称的存在，服务商总是存在"偷懒"的动机，不能勤勉尽责地履行自己的职责，对贷款进行恰当的后续管理，即道德风险问题。该研究还提出，为防止"逆向选择"与"道德风险"，我国资产证券化试点阶段可以采取由与发起人无关的第三方机构承担产品的营销。第三方机构的参与可以较大程度地弥补我国信托公司营销实力薄弱的缺陷，有效地强化同发起人的博弈优势，较大程度地克服发起人操纵交易架构的风险。

2.6　结论

　　信息不对称问题对资产证券化的决策、设计与过程产生着重大的影响，是进行资产证券化相关研究不可回避的重要问题。在选择是否采用资产证券化的决策中，对于银行而言，为应对逆向选择带来的贷款出售折价问题，更倾向于选择资产证券化；对于整个社会的经济运行而言，为减弱信息不对称的影响，采用隐性追索权的设计，使资产证券化本身产生价值，可能成为经济活动中的更优选择。在资产证券化的结构与产品设计中，由于信息不对称的存在，迫使证券化产品进行合并、打包与资产自留等设计，赋予其非信息敏感的特性。而在资产证券化的实施过程中，由于资产证券化本身的复杂性，信息不对称在资产证券化中的表现并不始终一致——资产证券化下的贷款筛选管理标准是否放松，证券化资产是否更多地选择低质量的贷款，这些问题在不同产品设计、地域和经济环境都体现出了不同特性。

　　从现有资产证券化信息不对称问题相关的研究中不难看出，次贷危机前后的理论研究出现了明显的区别，集中体现在传统相关问题理论研究与次贷危机后理论研究存在的"冲突性"。在次贷危机发生前，大多理论研究从讨论资产证券化的优越性出发，关注于资产证券化非信息敏感设计能够应对市场中存在的信息不对称问题、提高资产证券化产品流动性的问题。次贷危机后的研究则更注重资产证券化本身存在的风险性，即资产证券化设计本身和运行过程是否产生更严重的信息不对称问题，是否为整个金融市场带来危害。这种传统理论与次贷危机后理论的"冲突性"，事实上体现了资产证券化信息不对称问题的两个方面：一方面资产证券化设计为应对市场信息不对称而生，另一方面资产证券化设计本身可能为金融市场带来信息不对称问题。次贷危机发生后，对资产证券化风险关注的提升，使理论研究更多地倾向于对后者的研究。次贷危机后对最优资产证券化设计的探索，一定程度上也更关注控制资产证券化过程中可能产生的风险，而有可能违背了次贷危机前传统理论中的最优设计原则。

由于资产证券化市场在次贷危机中经历了巨大的打击，资产证券化的实践表现与传统理论结果出现了一定的出入。首先，一些次贷危机后资产证券化的表现难以为次贷危机前研究结论所能解释。例如，次贷危机后资产证券化市场在没有明显证据表明基础资产质量恶化的前提下，经历了更长时期的市场衰退，这很有可能说明资产证券化市场中的信息不对称状况在恶化，但资产证券化设计并未能够有效缓解这种状况，提升产品的市场流动性。其次，资产证券化过程中是否产生道德风险与逆向选择问题，理论分析与实践结果并不完全一致。基于传统理论，资产证券化发起人总是有动机将质量较低的贷款证券化出售，出现了经典的"柠檬问题"；当资产证券化发起人能够自留一部分风险资产时，就会有动机进行贷款质量筛选，即有效应对道德风险问题。然而在次贷危机发生过程中，逆向选择问题并未显著地出现在所有类型的证券化产品中，而风险自留的存在也并未避免道德风险问题的产生。

就目前而言，我国学者对资产证券化信息不对称问题的研究还较少，在次贷危机发生前更倾向于研究资产证券化的优越性，在次贷危机发生后对其风险性也有一定的研究。此外，较少研究专门针对我国资产证券化中存在的信息不对称问题进行了研究，特别是我国资产证券化市场中道德风险和逆向选择问题究竟呈现怎样的特点还没有定论。

3
资产证券化设计、信息不对称与投资者信心

3.1 引言

根据国际金融体系委员会（Committee on Global Financial System, CGFS）（2005）的定义，资产证券化设计特征主要体现在三个方面：第一，资产合并（基于现金或综合创造）；第二，对这些基础资产支持的负债进行分层；第三，通过特殊目的机构（Special Purpose Vehicle, SPV）将抵押池的信用风险与发起人的信用风险相隔离[①]。如图 3-1[②] 所示，发起人（如银行）将多笔贷款资产打包为资产池，出售给破产隔离机制 SPV，以资产池为抵押，对发行的证券进行结构化分层，并由第三方评级机构依据其信用增强后的信用特征进行分别评级，最终出售给投资者。

从 Akerlof（1970）对"柠檬市场"的经典分析出发，我们可以知道在金融市场中存在的广泛的信息不对称问题。特别是在市场融资的活动中，项目所有者往往掌握更多的项目质量信息，而投资者却很少掌握相应的信息。由于投资者难以准确判断项目的真实质量，使投资者对相应的投资项目的定价往往低于其实际价值。这种折价效应显然会降低这类融资项目的流动性，进而促使融资者总是希望对低质项目进行融资，最终导致"柠檬市场"的出现。类似地，在对贷款资产进行出售的过程中，由于贷款的真实质量信息往往以私有信息（Private Information）的形式存在，因而显然也存在着严重的信息不对称问题。与贷款直接出售相比，以贷款资产为基础资产的资产支持证券所面临的折价问题却明显较低。出现这种状况，与资产证券化的特殊设计密不可分。

---

① 原文为"Structured finance can be defined through three key characteristics: (1) pooling of assets (either cash – based or synthetically created); (2) tranching of liabilities that are backed by these collateral assets; (3) de – linking of the credit risk of the collateral pool from the credit risk of the originator, usually through use of a finite – lived, standalone financing vehicle (commonly referred to as a special purpose vehicle or SPV)"。

② 资产证券化流程图来源于 Baig, S. 和 Choudhry, M.（2013），9 页。

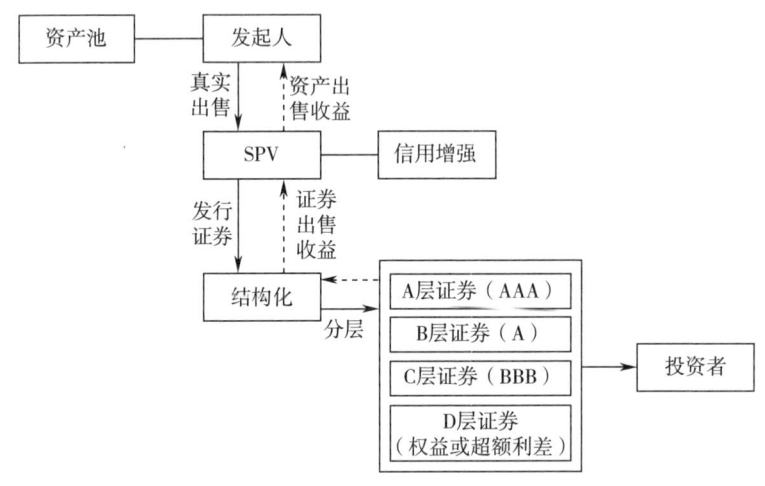

图 3-1 资产证券化流程图

一般认为,当市场能够最大限度地反映资产信息时,资产价格才会最为接近其内在价值。因此,一些流动性较差的资产,如银行贷款,对于投资者来说,获取其信息成本较高,形成典型的信息不对称环境,使这类资产在交易中出现明显的折价。一方面,资产证券化通过资产合并(Pooling)实现多样化,抵消资产之间的异质性冲击,从而降低资产支持证券整体的信用风险;通过分层(Tranching)减少逆向选择带来的折价效应,从而最大化金融中介的收益;特殊目的机构(Special Purpose Vehicle,SPV)作为破产隔离主体,则将抵押池的信用风险与发行人的信用风险相隔离,降低破产成本。这些资产证券化的基本设计有助于构造出"安全资产",满足投资者在维持较低信息成本的同时,进行安全资产的投资,一定程度上解决了市场信息不对称带来的逆向选择问题。另一方面,当发起人通过资产证券化将资产实现了风险转移后,也就失去了控制资产质量(如严格进行借款人筛选、管理)的动机,从而导致资产证券化发起人难以获得投资者的信任,无法重复进入市场进行融资。为应对这样的问题,发起人可以通过自留一定比例的风险,来向投资者传递积极的信号。总体而言,这些资产证券化的特殊设计,从根本上都是构造非信息敏感资产,以实现资产在市场上获得较高的流动性。

随着次贷危机的爆发，大量次级抵押贷款支持证券违约，引发了整个资产证券化市场的崩溃。在次贷危机中，大量优级市场的基础资产质量并未出现明显问题，但依然受到次贷危机影响，资产支持证券的流动性迅速枯竭。这种现象的出现，很可能说明资产证券化设计已无法有效地应对资产出售过程中所面临的信息不对称问题，资产证券化设计对市场中信息不对称的作用机制出现了问题。

针对上述问题，Dang 等（2009）从资产设计的角度给出了解释。Dang 等（2009）认为，在信息不对称的情况下，资产设计的一个重要动机就是减少对私有信息的需求，即创造非信息敏感的资产。但当市场受到的累积性冲击足够大的时候（如美国房市持续恶化），非信息敏感资产会变为信息敏感资产，从而引发资产在市场中的挤兑。在这一理论的基础上，Park（2013）认为，优先级资产证券化（如 AAA 级 MBS）正是构造非信息敏感资产的典型设计。对于发行人（或证券出售人）而言，安全资产的构建需要信用增强的支持，即通过为基础资产提供足够的信用保护来达到减除基础资产风险与证券关联的目的。对于投资者而言，在对非信息敏感的安全资产进行定价时，也不会直接考虑基础资产的信用风险。实证结果表明，在次贷危机前，优先级资产支持证券确实体现出了相应的非信息敏感特征。在次贷危机状况下，由于资产支持证券由非信息敏感转变为信息敏感，资产证券化的设计失效，从而出现了基础资产并未减值，但资产支持证券却无法出售的现象。

Hanson 和 Sunderam（2013）则直接从投资者的角度出发，分析了资产证券化市场中知情投资者（Informed Investors）与非知情投资者（Uninformed Investors）的特征与市场行为，以论证资产证券化市场崩溃的原因。Hanson 和 Sunderam（2013）认为，资产证券化的发行人在市场表现良好的时期发行了过多的非信息敏感资产，吸引了大量的非知情投资者，且使这些非知情投资者不愿花费成本变为知情投资者；当市场状况变坏时，非知情投资者选择迅速撤离市场，使大量净现值大于零的项目也难以获得融资；对于发行者而言，知情投资者在市场变坏时能够产生积极的作用，但由于发行人在市场良好时发行了大量安全资产，从而造成了知情投资者在市场中的稀缺，最终随着非知情投资者的撤离，引发了市场的流动性危机。

Park（2013）与 Hanson 和 Sunderam（2013）的分析核心在于，资产证券化的特殊设计使其能构造对基础资产质量信息非信息敏感的安全资产，尽可能减少外部投资者因逆向选择对资产支持证券的折价，以此增加非流动资产的流动性。当外部市场环境改变时，安全资产不再"安全"，投资者撤离，进而出现资产证券化市场的流动性危机。在这种分析逻辑下，隐含了一个重要的假设，就是在资产证券化的设计下，投资者可以是非信息敏感的，资产支持证券信息（特别是基础资产相关的非公开信息）并不能够影响投资者对证券的定价。正是由于这个原因，使在分析危机状况下的问题时，只能理所当然地认为当市场出现问题时，投资者会选择撤离市场，却不能解释原本非信息敏感的投资者为什么会突然变得对信息敏感，资产证券化的非信息敏感设计究竟在怎样的条件下失效。

事实上，市场中的投资者总是信息敏感的。资产证券化的设计实际上"掩盖"了基础资产的信息，取而代之的是利用提供对资产支持证券的特殊信用保护来向投资者传递积极的信号。提供这种"保护"的信息对于投资者来说是可观测的，因而投资者事实上是依据这种"保护"对资产支持证券进行了定价。因此，可以说投资者对资产证券化结构设计本身的信息呈现敏感性，特别体现为对资产证券化信用评级的依赖。次贷危机发生前，AAA级证券被认为是安全资产，但是当市场中大量信用评级由于资产违约被迅速下调（不仅仅是对资产证券化的评级）时，投资者对评级机构给出的评级可信度提出了质疑，依赖于评级表现的资产证券化"保护"机制对投资者的定价影响力显然会下降。此外，在资产证券化交易中，由于投资者所能观测到的信息不仅限于评级信息，还包括交易特性、宏观经济要素等，都显然会影响投资者对"保护"机制效果的预期。这说明，从整体上来讲，投资者始终对市场上可获得的信息保持着信息敏感性，并以此作为其进行交易决策（或定价）的依据。资产证券化的设计并没有降低投资者的信息敏感性，而是在正常的市场环境下增强了投资者对资产未来现金流的信心；随着市场状况的剧烈变化，投资者信心降低，自然撤出市场。这也就解释了为什么在基础资产本身并未出现明显减值的时候，相应的资产证券化市场交易却极度萎缩。为证明这一推论，本书进行了必要的理论分析，并采用事件研究法，对美国市场资产支持证券信用评级与投资者出价（Bid Price）的关系进行了分析。研究显示，在评级变动发生的窗口期，投资者出价确实存在显著的超额收益，证明了资产证券化评级确实能够影响投资者对资产支持证券的定价，表明资产证券化评级会对投资者信心产生显著的影响，从而影响资产证券化市场的流动性。

  本章主要分为六个部分：第一部分为引言；第二部分对资产证券化设计对金融市场信息不对称的作用机制进行了分析和讨论；第三部分对资产证券化中的投资者信心，包括投资者信心的定义、衡量和作用机制以及信用评级进行了分析；第四部分则对以事件研究为基础的实证方法进行了介绍；第五部分给出实证结果与分析；第六部分为本章结论与政策建议。

3.2　资产证券化设计对信息不对称的作用机制

3.2.1　资产合并与分层

3.2.1.1　理论基础

  早在 Diamond（1984）金融中介理论模型中就指明，在信息不对称的环境中，即投资者不能观测到公司现金流的条件下，投资者为了确保获得偿付，会选择花费成本对公司信息进行监测，而所投资产的多样化（Diversification）能够降低这一成本。另一方面，当存在众多投资者的时候，为避免在对公司信息监测过程中可能存在的重复效应，金融中介代理进行公司信息监测就成为最优的选择。特别是，当金融中介规模足够大，即有足够规模的资产池时，其产生的多样化效果能够让金融中介为投资者给提供近乎无风险的贷款资产。

Diamond（1993）和 Winton（1995）则在上述理论的基础上，研究发现发行不同优先级①（Seniority）的资产能够减少信息监测成本。Diamond（1993）在分析享有私人信息的借款人对债务优先级与期限的选择中发现，与长期债务相比，短期债务应更为优先。其原因在于，增加短期债务会增加融资成本对新信息的敏感度，需要依据债务期现的长短划分偿付优先级，使短期债务享有优先权，以应对短期债务相对应的高融资成本敏感性，降低融资成本。Winton（1995）则认为，在公司产出仅为私有信息且存在多个投资者的情况下，区分优先级的债务类合约优于对称性合约②（Symmetric Contract），且当投资者为风险中性时，优先级投资者享有绝对优先权③（Absolute Priority）的合约为最优合约。这些结论都从投资者需求角度，论证了多样化和优先级设计对最小化信息（融资）成本的影响，可以被用于解释资产证券化中资产合并与分层设计的原因。

　　Gorton 和 Pennachi（1990）与 Boot 和 Thakor（1993）则从资产供给一方（发行者）的角度，对逆向选择存在的市场条件下资产分级机构原理进行了讨论。Gorton 和 Pennachi（1990）认为，对在资产设计中对资产现金流进行划分，可以有效减少信息不对称为资产交易带来的损失。也就是说，当不知情的投资者（Uninformed Investors）通过金融中介将资产现金流划分为无风险债权与权益时，就能达到最优的效果，从而使不知情的投资者在交易债权过程中既满足流动性需求，又能够避免信息不对称带来的损失。Boot 和 Thakor（1993）的研究则更为清晰地表明，当对于资产价值存在信息不对称的情况下，最大化流动性的策略是将资产现金流分为"信息敏感"（Information Sensitive）与"非信息敏感"（Information Insensitive）两类。对于知情的投资者（Informed Investors），由于其对资产真实价值以及投资风险有清楚的认识，愿意给予资产较高的定价，因而适合

---

　　① 优先级（Seniority）指获得全额偿付的优先次序，出自 Winton（1995），原文为 "Claims often vary in their degree of seniority, which specifies who is first entitled to full payment"。
　　② 对称性合约（Symmetric Contract）指所有投资者在相同情境下享有相同的偿付安排，出自 Winton（1995），原文为 "all investors verify in the same set of states and have the same payment schedule"。
　　③ 绝对优先权（Absolute Priority）指优先级债权在次优先级债权之前获得全额偿付，出自 Winton（1995），原文为 "senior claims are to be paid in full before more junior claims receive anything"。

持有信息敏感的资产；相反，对于不知情的投资者，由于其对于信息敏感的资产会给予折价，因而更适合持有非信息敏感的低风险或无风险资产。

上述有关金融中介理论模型和资产最优化设计的研究，为资产证券化的合并与分层设计提供了理论依据和分析基础。贷款信息获取成本较高，贷款资产在交易中往往存在较高的信息不对称，使之成为一种典型的缺乏流动性的资产。通过资产合并打包获得多样化效应，通过分层设计满足不同信息优势的投资者的需求，是减少贷款资产发行折价、增加贷款资产流动性的有效途径。

3.2.1.2 资产打包与有限的信息披露

在抵押贷款支持证券（Mortgage - Backed Securities，MBS）市场中，抵押债通常以大量资产打包的形式出售给二级市场，并且 MBS 的发行人往往并不会披露资产包的信息。一般认为，将资产分别出售，增加信息披露，能够降低信息不对称的影响，减少资产折价。然而，MBS 的设计显然违背了这一直观感觉。针对这一问题，Glaeser 和 Kallal（1997）对 MBS 中的打包设计进行了详细分析。该研究假设市场中存在三个主体：初始发行人、知情的金融中介和不知情的市场。其中，初始发行人将所有贷款资产出售给金融中介，在这一交易过程中并不存在信息问题，当金融中介将资产再次出售给市场时，信息问题产生。在二级市场中，金融中介基于享有的私人信息，根据资产的预期价值进行定价，从而达到流动性的均衡水平。完全基于资产预期价值的定价往往使资产难以在市场上顺利出售，因而金融中介的初始发行定价实际是基于资产预期流动性的函数。金融中介从发起人手中购买资产后，金融中介获得的资产相关噪音信号，会导致其对资产流动性的预期发生变化，这种资产估值的变动性（方差）最终体现为与市场投资者之间的信息不对称水平。当发起人对资产进行打包时，就能够消除其中存在的极端值（减少噪音信号），有限的信息披露则会迫使金融中介的发行定价与初始定价保持一致，减少整体信息不对称水平。总体而言，资产打包和有限的信息披露能够降低资产估值的变动性，降低与市场投资者之间的信息不对称水平，为资产的出售带来更多流动性。

3.2.1.3 资产层级划分

与贷款整体出售（Whole Loan Sale）相比，资产证券化另一个显著特征就在于能够对资产现金流进行再设计，构造无风险资产和风险资产。Riddiough（1997）通过对比上述两种贷款资产实现流动性的途径，发现资产证券化通过优先级的划分，能够将逆向选择导致的流动性成本实现内部化，让实现的资产组合价值更接近资产的真实价值，使资产证券化优于贷款整体出售。

由于信息不对称的存在，使基础资产的真实价值对于投资者而言是无法观测的，因而投资者依据对资产价值概率分布的判断来确定对资产的定价。投资者定价与资产实际价值的差额就是"柠檬问题"所体现出的流动性成本。当对基础资产现金流进行划分时，可以将其划分为无风险资产和风险资产。由于无风险资产对基础资产相关的私有信息是非敏感的，因而投资者对这类无风险资产的折价会相应减少，也就是说，发行人能够通过出售非信息敏感的资产，来降低信息不对称，提升资产流动性。同时，发行人可以将信息敏感的风险资产进行自留，就可以将流动性成本内部化，让整体资产组合价值更接近其真实价值。为确保实现优先级的无风险化，在资产优先级划分设计中还需要确定最低分档（Subordination）水平。由于逆向选择的影响，通常最低分档水平的设定高于"全信息"条件下的分档水平，从而保证所构造优先级证券的非信息敏感性。

因此，发行人为了实现流动性成本的内部化，可以选择自留高风险（低评级）资产（证券），且这种选择的动机会随着信息不对称程度的加深而增加。随着资产质量的逐渐体现，低评级证券可能获得更多的流动性，因而不同层级证券之间的流动性差异会随着时间而逐渐减小。由于分档水平设定高于债权基本价值要求，当资产质量较低时，发行人更倾向于发行高分散度的资产池支持证券，以增加证券发行收入。

3.2.1.4 资产合并与分层

当发行人对资产价值享有私人信息时，可以依据私人信息选择每种资产出售的数量，以获得最大收益。将资产合并出售则破坏了这种选择权，并且发行人需要向投资者传递资产质量的信号，从而增加了资产出售的成本。资产合并带来的这种信息破坏效应（Information Destruction Effect）表明，资产合并出售与单个资产分别出售相比，并非最优选择。采用资产合并与分层设计，则可以有效解决这一问题。Demarzo（2005）将资产证券化过程视为一个两步过程。其中，金融中介始终享有信息优势，在对资产定价中占有优势地位。知情的发起人会直接将资产出售给金融中介，金融中介通过建立更大的资产池，资产合并与分层的设计将资产或者资产支持证券出售给不知情的投资者以获利；对于不知情的发起人，会选择将资产合并后出售给金融中介，金融中介根据享有的信息优势选择最优资产池，进而通过合并与分层设计将资产出售给投资者，如图3-2所示。

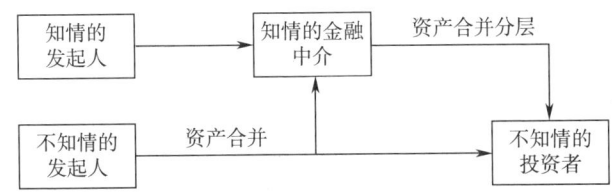

图3-2　资产证券化两步过程图[①]

具体而言，在金融中介将资产或支持证券出售给投资者的过程中，对于知情的（享有信息优势）的金融中介而言，在出售资产之前将资产合并会产生明显的信息破坏效应。但是，当金融中介能够同时进行资产合并与分层时，就可以从资产池中发行低风险的债权资产，从而带来风险分散效应（Risk Diversification Effect）。这种低风险债权资产对发行人占有的私人信息不敏感，从而具有了更高的流动性。随着资产池的增大，风险分散效应与信息破坏效应相比具有显著优势。因此，在资产池足够大的情况下，同时采用资产合并与分层设计是知情的金融中介的最优选择。在发起人出售资产给金融中介的过程中，则并不一定需要资产合并与分层设计的同时进行才能达到最优。对于知情的发起人而言，可以选择将资产直接出售给金融中介或投资者，而资产合并并不能为其带来额外收益，反而会由于信息破坏效应造成损失。但对于不知情的发起人而言，在将资产出售给

---

① 图来自于 Demarzo（2005），23页。

知情的金融中介之前对资产进行合并，可以防止金融中介仅挑选质量最高的资产进行购买。因此，非知情发起人更愿意选择将资产合并出售，以减少对资产价值的低估。

总体而言，发行人（金融中介或发起人）选择资产合并和分层的动机主要基于两个因素。第一，资产合并会带来信息破坏效应，但当金融中介占有的私人信息与资产正相关时，这种效应就会减弱；第二，当资产池有较低的剩余风险（Residual Risk）时，则可以从债权级证券的发行中获得更多收益。

3.2.2 风险自留

3.2.2.1 理论基础

在贷款资产出售的过程中，当发起人（银行）不再承担贷款违约的风险时，就失去了管理、筛选借款人的动机，这就使银行难以获得投资者的信任，贷款资产难以在市场上再次出售。因此，要实现资产证券化顺利进行，还需要克服道德风险所产生的影响。

针对融资过程中可能出现的道德风险问题，Leland 和 Pyle（1977）建立了经典的信号模型，并得出：项目所有人对项目的投资意愿可以作为积极的信号，向融资市场传递积极的项目质量信息。在模型中，市场对项目价值的预期收益是项目所有人对项目权益自留比例的函数，且自留比例与市场预期项目收益呈正相关关系，市场对项目收益的预期则是决定项目市场价值的重要因素。在项目所有者实现财富效用最大化的条件下，市场对项目预期收益的均衡值应等于项目实际的预期收益。因此，当信息不对称水平增加时，需要增大项目所有者对项目权益的自留比例，以增加市场的预期。

Pennachi（1988）与 Gorton 和 Pennachi（1995）在 Leland 和 Pyle（1977）的基础上，针对贷款出售的最优设计进行了研究，建立了贷款出售激励相容（Incentive-compatible）模型。模型假设银行对借款人的信用评估是决定银行贷款资产未来收入分布的重要因素，且这种信用评估本身会为银行带来成本；银行出售部分贷款资产，未出售的部分留在银行表内。在激励相容约束下，通过实现银行利润最大化，可以得出银行针对贷款资产进行融资的均衡状态。在这一均衡状态下，银行的内部融资成本更高、贷款出售溢价更低、银行偿付能力更高，都会导致银行提高贷款资产的出售比例。同理可得，低内部融资成本、高贷款出售溢价、低银行偿付能力，都会引起银行提高对贷款资产的自留比例。

3.2.2.2 风险自留作用机制

与上述较早的研究不同，由于资产证券化的特殊设计，资产证券化的风险资产自留机制一般是针对权益级（或次级）资产进行的。这种自留方式，也导致了道德风险并没有得到有效控制，被认为是引发次贷危机的重要因素之一。因此，资产证券化中的风险资产自留设计不仅仅表现在理论设计基础上，在监管实践中也有鲜明的体现。

Demarzo 和 Duffie（1999）认为，在资产支持证券发行的过程中，由于信息不对称的存在，使处于信息劣势的投资者认为，在私人信息所决定的真实资产价值更低的时候，发行人会更愿意在一个相对较高的价格水平下出售更多资产①。因此，更多数量的资产被出售时，投资者对资产的估值会更低，这就使信息不对称环境下的资产需求曲线向下倾斜。在这种条件下，发行人的最优资产设计就是在自留部分资产现金流、承担流动性成本或将全部资产证券化出售、承担折价成本之间作出权衡。研究表明，当资产价值的信息敏感度或波动性更高时，相应的资产支持证券整体发行收益就更低。因此，选择自留部分资产现金流实现信号效应，构造安全资产出售，有利于发行人获得更高的发行收益。

在上述理论的背景下，对权益级资产的自留往往是发行人自发的行为。而在资产证券化实践中，资产证券化中的自留设计更多地来自监管的要求。在美国与欧盟于 2010 年推行的金融监管改革中，均要求资产证券化发行机构必须保留所发行证券化产品不少于 5% 的信用风险。在中国人民银行与银监会联合发布的规定中也明确规定"信贷资产证券化发起机

---

① 由于投资者无法观测到资产的真实质量，在对资产估值的过程中，可能会对优质和劣质资产预期现金流赋予平均的概率。因此，当资产质量更差的时候，资产真实价值与投资者估值的差距就会更大，发行人自然会愿意出售更多的资产。

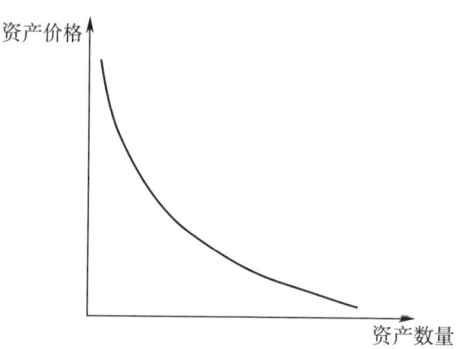

图 3-3　资产证券化需求曲线①

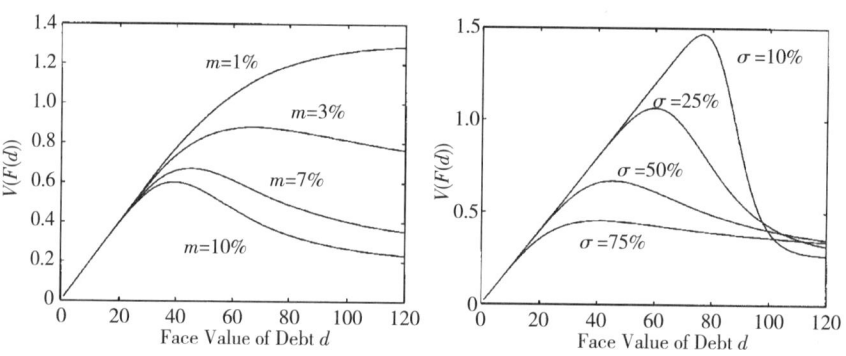

图 3-4　资产价值信息敏感度与波动性对发行收益的影响②

构需保留一定比例的基础资产信用风险,该比例不得低于 5%"。具体的自留方法主要分为随机型、水平型、垂直型和 L 型 (吕凯,2013)。其中,随机型自留主要针对基础资产,即在基础资产池中随机选择资产作为样本进行自留,所选样本蕴含的风险应满足监管要求,但由于很难选择出可以反映基础资产风险的样本,需要选择足够多的资产数量,因而并不适用于单笔资产金额较大、数量较少的资产池。水平型自留则针对某一层级(一般为权益级)的资产支持证券进行一定比例的自留,这对增加发行人

---

① 假设投资者为风险厌恶的,则资产需求曲线呈现凸性。
② 图来源于 Demarzo 和 Duffie (1999),其中,$V(F(d))$ 表示发行收益价值,m 表示资产价值对信息的敏感度,σ 表示资产价值的波动性。

筛选、管理借款的动机、减小道德风险具有明显的效果，但是这可能会导致层级之间的利益冲突。垂直型自留则是对每一层级的资产支持证券按一定比例自留，这就解决了由于水平自留可能产生的层级之间的冲突，但是这种自留方式实际提高了自留的要求，减少了发行人的发行收入，降低了证券化的效率，目前欧盟对自留的规定更倾向于垂直自留方式。L型自留则是水平自留与垂直自留的折中，即对层级较高的资产支持证券保留较低比例，对低层级证券则保留较高比例。此外，监管中一般还会对风险资产自留的反规避与豁免等方面进行规定，以保证自留的持续性与有效性。具体的监管内容将会在后面的章节进行介绍，在此不再赘述。

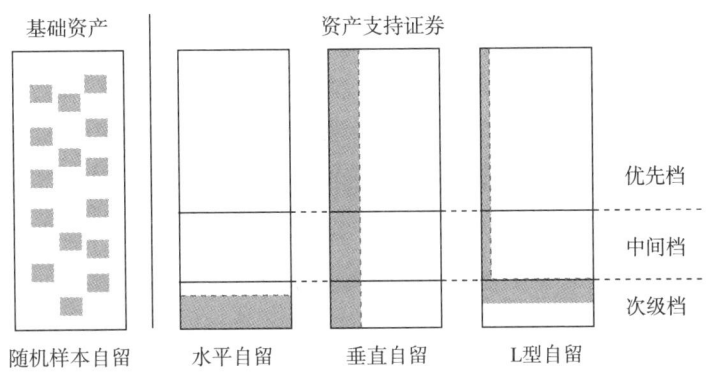

图3-5　资产证券化风险自留模式①

3.2.2.3　最优风险自留设计

次贷危机后，随着风险自留比例逐渐成为普遍使用的监管准则，什么才是最优的风险自留设计成为讨论的热点。与次贷危机前的资产证券化设计研究不同，次贷危机后的研究特别加入了系统性风险因素，注重经济条件对自留设计的影响，从而试图从监管的角度出发，得到更为审慎的分析结果。

Fender 和 Mitchell（2009）针对权益级自留、中间级或优先级自留、垂直自留三种自留设计进行了研究，分析各个自留方法在不同经济条件与权益级厚度（Thickness）水平的收益，分别考察其对发行人筛选、管理借款人的激

---

① 图来源于吕凯（2013），图中阴影表示自留部分。

励效果。当权益级资产（证券）并不充足时，即低经济条件（Low-state）下资产组合现金流不足以支付中间级（甚至优先级）的固定收益时，中间级/优先级自留或垂直自留效果会优于权益级自留。如图3-6所示，在低经济条件下（A点、B点左边），组合现金流不足以支付中间级/优先级的固定收益。在这种情况下，当发行人选择权益自留时，对于投资者，其所获得的收益会随着资产质量的提升而增加①，也就是说，发行人筛选和管理借款人的努力关系到投资者的收益；对于发行人而言，由于仅持有权益级，因而在低经济条件下，其获得的收益始终为零，由于筛选和管理借款人存在成本，因此，发行人并不会选择筛选和管理借款人。当发行人选择自留中间级/优先级时②，由于其所获得的收益与资产质量相关，因而发行人就有足够动机选择对借款人进行筛选和管理。当发行人选择垂直自留时，投资者和发行人的收益曲线都呈现向右倾斜的趋势，表明发行人总是会选择付出筛选和管理借款人的努力，以提升组合现金流。因此，在较差经济条件下，发行人选择中间级/优先级自留或垂直自留的效果都优于权益级自留。

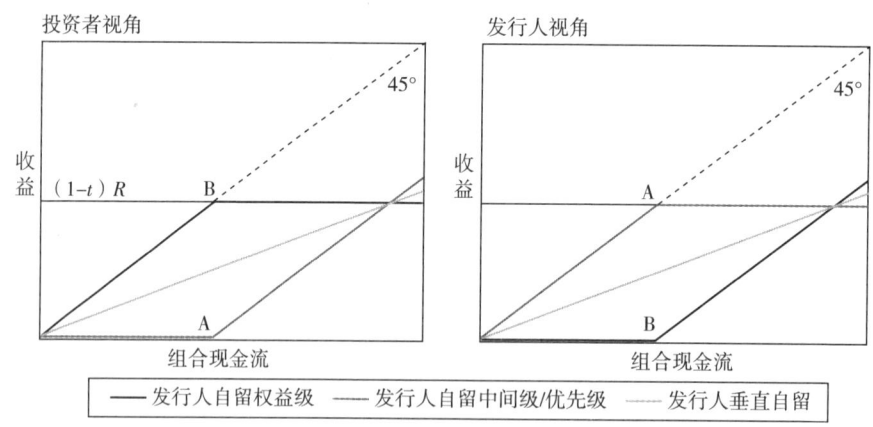

图3-6 资产证券化风险自留与收益③

---

① 一般认为，资产组合所产生的现金流与资产质量呈正相关关系，资产质量越高，其产生的现金流也就越多。

② 为了分析简单化，假设只存在一份优先级/中间级，当发行人选择自留优先级/中间级时，投资者只能选择持有权益级。

③ 图来源于Fender和Mitchell（2009），38页。

当权益级资产有足够的厚度时，即使是在低经济条件下，组合现金流都足以偿付固定收益要求，则发行人和投资者的收益曲线则都落在了 A 点、B 点的右边。发行人选择权益级自留优于中间级/优先级自留，在一定程度上也优于垂直型自留。同样地，在较好的经济条件下（A 点、B 点右边），组合现金流足以偿付固定收益要求。在这种情况下，当发行人选择权益级自留和垂直自留时，均有动机进行借款人筛选与管理，优于选择中间级/优先级自留的效果。

总而言之，只有在经济情况较好、权益级资产（证券）厚度足够的时候，发行人采用权益级自留的方法才有可能达到最优的效果。但是，从监管角度而言，一般更注重在经济下行的情况下。因此，要求发行人采用中间级/优先级自留或垂直自留，对于监管目的而言可能更为有效。

3.2.3 特殊目的机制与隐性追索权

3.2.3.1 SPV 设计

特殊目的机制，即 SPV（Special Purpose Vehicle），又称特殊目的主体（Special Purpose Entity，SPE），是指由企业（一般指发行人）创立的、用于转移资产、执行特定的目标或限定的活动或交易的法律主体[①]，SPV 可能是有限责任合伙公司、有限负债公司、信托、一般公司。对于资产证券化表外融资中的 SPV 则需要符合以下几个特征：必须是低资本的；不存在独立的管理层或雇员；管理职能为受托人行使，且仅限于事前规定的现金流收付，不存在其他决定权；持有资产的服务由服务商代行；不会破产。

简而言之，SPV 仅存在法律意义上的主体，基本不存在实物形态，也不存在破产的问题，因而主要起到破产隔离的作用。由于 SPV 的特殊设计，使 SPV 出售（发行）的债券无需承担高昂的破产成本，能够为投资者提供廉价的债券，满足投资者的收益需求。但是，SPV 却无法享受税收

---

① SPV 定义来自 Gorton 和 Souleles（2007），原文为"An SPV, or a special purpose entity（SPE），is a legal entity created by a firm（known as the sponsor or originator）by transferring assets to the SPV, to carry out some specific purpose or circumscribed activity, or a series of such transactions"。

优惠，在债券发行中产生成本。Gorton 和 Souleles（2007）结合上述因素，通过对比有资产证券化和无资产证券化银行的价值差异（体现为资产证券化利润），分析了 SPV 的作用机制和价值体现。

假设银行需要融资的项目质量信息是不可直接观测的，项目的真实质量取决于银行的行为（银行的努力）。当不考虑逆向选择问题时，资产证券化利润主要受到银行破产成本、税负和破产风险（与银行努力负相关，体现为银行破产的可能性）的影响，资产证券化利润会随着税率的上升而降低，随着银行破产成本或破产风险的上升而上升。在实施资产证券化的情况下，SPV 作为破产隔离机制，作用正是减少银行破产成本和破产风险在项目中的体现，因而资产证券化的利润可以视为来自 SPV 产生的价值。

由于 SPV 与投资者之间信息不对称的存在，有关银行选择是否努力的问题会导致道德风险，从而使投资者无法确定银行是否将质量差的资产转移给 SPV，因此产生逆向选择问题。在这种情况下，只有银行能保证向 SPV 提供额外的资助或补贴来解决逆向选择问题时，资产证券化才是最优的选择。然而，现行的会计与监管准则都对类似的保证予以了禁止，主要是因为对 SPV 的额外支持，会使 SPV 独立的法律地位和债权"真实出售"出现界限模糊的情况，SPV 的破产隔离机制也遭到了破坏。因此，一般的资产证券化合同无法提供这种额外的支持，银行转而寻求另一种机制来实现，即隐性追索权。

3.2.3.2 隐性追索权

隐性追索权（Implicit Recourse），又称道德追索权（Moral Recourse），指为在会计和监管意义上已经通过资产证券化出售的资产，提供超出合同义务的信用支持行为[①]。具体而言，Office of the Comptroller of the Currency 等（2002）给出了四种隐性追索权的信号：第一，发行人将资产以明显的折价出售给信托或 SPV；第二，发行人从信托或 SPV 溢价购买资产；第

---

① 隐性追索权定义来自 Office of the Comptroller of the Currency 等（2002），原文为"The provision of credit support, beyond contractual obligations, to securitizations of assets recorded as sold for accounting and regulatory capital purposes is commonly referred to as 'implicit recourse' or 'moral recourse'"。

三，发行人使用优质资产与信托或 SPV 交换不良资产；第四，发行人对售出资产给予合同义务之外的信用增强。由于隐性追索权显然违反了监管中对于资产"真实出售"的要求（例如，FAS140[①] 要求，只要追索行为发生，资产证券化资产与发行人（出售人）产生或有风险，则资产不能出表），因而监管者通常禁止隐性追索的行为。但是，由于隐性追索权的隐蔽性，在资产证券化的实践中，依然存在着隐性追索权。

隐性追索权往往难以观测和度量，且明显的隐性追索权设计受到了监管的限制。因此，在对隐性追索权的讨论中，通常以信用卡资产支持证券（Credit Card Asset – Backed Securities，CC – ABS）为例，进行相关问题的论证。在一般 CC – ABS 的合同设计中，通常规定欺诈损失（Fraud Loss）由发行人承担，信用损失则由信托（事实上由投资者）承担。在实践中，当资产发生损失时，发起人可以选择宣布损失为欺诈损失，从而为投资者提供追索权，即为隐性追索权。基于对 CC – ABS 中的隐性追索权分析，Higgins 和 Mason（2004）认为，发起人为了提升信誉，会选择宣布欺诈损失、提供追索权，而且实证表明，这种选择确实会为发行人带来良好的声誉效应，表现为追索发生后发起人的短期和长期的股票价值都出现了超额收益。Gorton 和 Souleles（2007）则将隐性追索权因素加入前文提到的资产证券化利润模型，理论证明了在重复进行资产证券化的过程中，加入隐性追索权会使资产证券化成为融资的最优选择。总而言之，隐性追索权的设计使发起人能够在不明显违反监管规定的情况下，为发起人带来积极的声誉，帮助发起人持续地在市场上通过资产证券化出售非流动资产。

而隐性追索权是否较为广泛地存在于 CC – ABS 中，则从实证检验中获得了证明。Vermilyea 等（2008）通过对大量 CC – ABS 的实证分析发现：在所有银行中，进行信用卡资产证券化的银行在同等条件下更倾向宣布欺诈损失；在进行信用卡资产券化的银行中，有较差表现信托的银行与有表现良好信托的银行相比，前者更倾向宣布欺诈损失。这在一定程度上

---

① FAS140 全称为 Statement of Financial Accounting Standards No. 140：Accounting for Transfers and Servicing of Financial Assets and Extinguishments of Liabilities，发布于2000年，是美国现行会计准则的一部分。

证明，CC‑ABS实践中的发行人确实更倾向通过提供隐性追索权，来为资产提供额外的信用支持。

3.3 资产证券化设计作用机制与投资者信心

3.3.1 投资者信心定义与衡量

根据上文的分析可以发现，资产证券化通过资产合并与分层、风险自留、SPV与隐性追索权等特殊设计，可以有效缓解市场中存在的信息不对称为资产出售过程带来的折价效应，增强证券化资产的流动性。在整个过程中，资产证券化设计并未增加资产质量信息本身在市场中的透明度，而是通过构造非信息敏感的资产，向投资者传递积极的资产质量信号。投资者依据这些信号进行投资决策，当投资者愿意信任这些信号时，相应的投资者估价就会更接近资产的真实价值；但是，当投资者不愿信任这些信号时，反而会降低对资产的估价，而无视资产是否真的出现了质量恶化的状况。投资者的这种意愿，就可以被认为是"投资者信心"的表现。

投资者信心，一般是指投资者认为投资很安全，不会有坏事发生（Shiller, 2000）的心理①。具体表现为对投资（如股票市场投资）具有信心，对投资实际的风险估计不足，过分强调投资的安全性。在Shiller (2001) 著名的《非理性繁荣》一书中，对投资者信心的解读主要集中于投资者的高度信心、投资者的非理性特征以及投资者对股票价格的高估。影响投资者高度信心的因素主要包括三个方面：第一方面为结构性因素，包括互联网、生育高峰、放大机制等客观环境因素；第二方面为文化性因素，包括新闻媒体、新时代经济思想、全球泡沫；第三方面为心理因素，

---

① 原文为"…is investor 'confidence', which is the feeling that nothing can go wrong with an investment, that the investor can sleep well because there is nothing to worry about"。

包括股市心理依托、从众行为等。在本文的研究中，投资者信心是指投资者对资产证券化设计所传递信号的高度信任，认为资产证券化设计下的安全资产（如 AAA 级证券）有很低的风险，不会出现严重的违约问题。在资产证券化的投资活动中，由于投资者更多的是由机构投资者所组成，且一般认为机构投资者相对更为成熟，因而传统理论中一些影响投资者信心的因素并不能直接体现资产证券化中的投资者信心问题。

在本文的研究中，更倾向于考虑宏观经济因素和资产证券化的历史表现等客观因素对投资者信心的影响。具体而言，由于作为资产证券化基础资产的贷款资产具有很强的亲周期性，在经济上行的背景下，即使是质量较差的贷款也很可能不会出现违约的情况，投资者就会更愿意相信资产证券化设计所传递出的积极的资产质量信号；反之，在经济下行的状况下，由于大量贷款出现违约，即使基础资产质量并未恶化，投资者也不愿相信通过资产证券化设计获得的积极信号。此外，资产证券化本身的历史表现也会极大地影响投资者信心，当资产证券化持续运行良好时，投资者就会倾向认为资产证券化设计不存在问题，其所传递的信号也是有效的；当资产证券化运行出现重大问题时，投资者自然会对资产证券化设计本身的可靠性产生怀疑，对其提供的信号也出现"信任危机"。

由于影响投资者信心因素的具有很大程度的复杂性，这就使对投资者信心进行度量很困难。Shiller（2000）认为，可以采用调查的方法来直接观测投资者对股市的信心，进而构造投资者信心指数。此外，还有研究采用股票换手率等指标作为度量投资者信心的度量指标。类似地，有大量文献对与投资者信心有密切关系的投资者情绪（Investor Sentiment）进行了研究，且提出较多可以用来度量投资者情绪的方法或指标。Baker 和 Wurgler（2007）将投资者情绪定义为投资者对当前无法确认的未来现金流和投资风险的信念①。关于投资者情绪的衡量则提出了多种方法，包括客观测量指标（如封闭式基金折价、IPO 发行量及首日收益、交易量、共同基

---

① 原文为"Investor sentiment, defined broadly, is a belief about future cash flows and investment risks that is not justified by the facts at hand"。

金净赎回、零股买卖比例等）、主观测量指标（如个体投资者协会指数、投资者信心指数、消费者信心指数等）、复合指标（易志高等，2010）。

参考现有对投资者信心的衡量方法，考虑资产证券化设计特征，本文认为资产支持证券的流动性变化能够在一定程度上体现投资者信心的高低。这种流动性主要体现在两种指标中，一是资产支持证券的交易量，二是投资者对资产支持证券的定价。具体而言，投资者作为价格接受者时，当投资者信心提升，投资者对资产支持证券化的估值更接近市场价格，因而投资者会愿意更多地投入资产支持证券，即表现为随着投资者信心的提高，交易量会上升；投资者作为价格的发出者时，投资者信心会影响投资者对资产支持证券的估值，进而直接影响投资者定价，也就是说，随着投资者信心的提高，投资者定价会上升。在资产证券化实际中，投资者并非单纯的价格接受者或是发出者，资产支持证券的交易往往基于买方和卖方出价撮合成交，投资者的交易量不仅仅取决于投资者信心，很大程度上还会受到市场本身的影响，因此，选择交易量作为体现投资者信心指标，很可能会受到其他因素的干扰①。相应地，资产支持证券的投资者定价从根本上主要受到投资者意愿的影响，即投资者定价很大程度上取决于投资者所观察到的资产质量信号（如层级、违约历史、利率等），而对这些信号的估计与判断则又取决于投资者信心。虽然投资者定价在一定程度上也可能受到市场供求的影响，但投资者对资产质量信号的信心无疑是决定投资者出价的核心。因此，本文最终选用投资者定价作为衡量投资者信心的指标，通过观测投资者定价的变化来判断投资者信心的高低。

3.3.2 投资者信心对资产证券化流动性的影响

在 Hanson 和 Sunderam（2013）的研究中，资产证券化的特殊设计构造了安全资产，对基础资产相关非公开信息不知情的投资者愿意购买这种

---

① 在次贷危机发生后，美国资产证券化市场的交易量骤降，并在随后的几年内几乎消失，其原因不仅仅是投资者信心丧失，原有机构投资者投资受限也是重要原因。次贷危机后，大量金融机构遭受重创，能够入市投入的资金有限，加之次贷危机后风险管控和监管的要求，使一些机构难以再大量投入资产证券化市场。

"安全"的资产支持证券,从而使资产证券化获得更高的流动性。从这一研究角度出发,该研究引入投资者信心的概念,即非知情投资者在投资过程中,认为高评级资产支持证券(如AAA级)是安全的,即存在着过高的投资者信心;但是市场状况的剧烈变化,如宏观经济要素的急剧变化,会显著影响投资者信心,丧失信心的投资者会低估资产支持证券的安全性,从而选择退出市场。从前文研究可以得知,在信息不对称的情况下,非知情的投资者会对存在非公开信息的贷款资产定价存在折价,资产证券化设计通过向投资者传递积极的资产质量信号,从而减少资产在市场上的折价。在这一基础上,引入投资者信心,就是为资产质量信号与投资者定价之间搭建一个"桥梁",说明积极的资产质量信号并未提升投资者对非公开信息的掌握程度,而是增强了投资者的信心,从而驱使投资者提升对资产的定价。下文就这一逻辑,举例进行具体的说明。

如图3-7所示,假设投资者在时间0购买了某只资产支持证券,这只证券在时间1对投资者完成支付,投资者对这只证券的定价取决于对证券未来现金流的期望。假设证券未来的现金流取决于经济状况S与基础资产质量G,且$S \in [H,L]$,表示存在高(H)和低(L)两种经济状况,$G \in [G,B]$,表示基础资产质量存在优(G)或劣(B)两种状态。p为高经济状况出现的概率,表示为$p = \Pr\{S = H\}$,与之相对,低经济状况

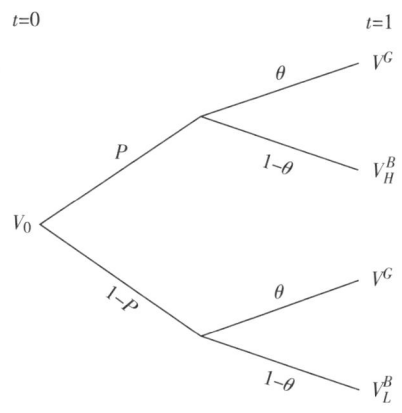

图3-7 资产证券化投资者定价结构图

出现的概率则为 $1 - p = \Pr\{S = L\}$。θ 表示投资者认为基础资产质量为优的概率，即 $\theta = \Pr\{Q = G\}$，基础资产质量为劣的概率则为 $1 - \theta = \Pr\{Q = B\}$。在时间 1，有优质基础资产的证券在高低经济状况下均能支付 V^G 给投资者，有劣质基础资产的证券则在高经济状况下支付 V_H^B，在低经济状况下支付 V_L^B，且 $V^G > V_H^B > V_L^B \geq 0$。

在信息不对称的情况下，由于投资者无法获知基础资产的真实质量情况，投资者只能根据资产证券化设计所提供的关于基础资产质量的信号（如信用评级）判断基础资产质量为优的概率分布。因此，θ 可视为投资者信心的表现，且取决于有关基础资产质量的积极信号 s，则 θ 可表示为 $\theta(s)$，随着积极信号的增强，投资者信心也会增加，即 $\theta'(s) > 0$。根据资产定价的基本原理，可以获得投资者对资产支持证券的定价，具体表达为式（3-1）。由于有关经济状况的信息一般是公开的，因而在这里假设 p 是外生变量。投资者对资产支持证券的定价则为信号 s 的函数。对式（3-1）进行一阶求导，很容易得到其一阶导数式（3-2）始终大于 0[①]。这表明，随着资产证券化中传递给投资者的基础资产质量积极信号的增大，投资者对资产支持证券的定价或估值也会随之增加。

$$V_0 = \frac{1}{R_f}\{p[\theta(s)V^G + (1-\theta(s))V_H^B] + (1-p)[\theta(s)V^G + (1-\theta(s))V_L^B]\}$$

(3-1)

$$V_0' = \frac{1}{R_f}[\theta'(s)(V^G - V_H^B) + p\theta'(s)(V_L^B - V_H^B)] > 0 \quad (3-2)$$

根据上述分析还可以看出，在经济状况向好，或经济繁荣时期，由于 p 趋向于 1，使投资者对资产支持证券的定价也随之提高；相反，当经济变差时，或经济衰退时期，由于 p 趋向于 0，使投资者定价也随之降低。特别是在次贷危机时期，p 趋近于 0，使投资者定价大幅度降低，加之由于大量资产支持证券的违约，使资产证券化对投资者传递的积极信号大幅

---

① 由于 $V^G > V_H^B > V_L^B \geq 0$，则有 $V^G - V_H^B > V_H^B - V_L^B$，且 $\theta'(s) > 0$，$p \leq 1$，因而可得 V_0' 始终大于 0。

度减小①，导致 $\theta(s)$ 趋近于 0，使投资者定价趋近于 V_L^B。投资者对资产支持证券价值的低估，直接导致了资产支持证券的非流动性。也就是说，在次贷危机发生时，经济状况的下行本身就使投资者对资产证券证券的估值降低，而次贷支持证券的大量违约，导致资产证券化向投资者传递积极信号的机制遭到严重破坏，使投资者信心大幅降低，进而引发投资者估值的大幅减值，最终导致了整个资产证券化市场的崩溃。

3.3.3 资产证券化信用评级与投资者信心

根据前文的研究不难发现，无论是资产的合并与分层，还是风险资产自留，或是隐性追索权设计等，其根本目的是向投资者传递积极的基础资产质量（或未来现金流支付）信号，从而提升投资者信心，进而提升资产证券化的流动性。而这种信号，在资产证券化中集中体现为资产支持证券的信用评级。

巴塞尔委员会 CGFS（Committee on the Global Financial System）2003年至2005年对结构化金融信用评级的调查表明，当前主要的评级机构（包括标普、惠誉、穆迪）对资产证券化产品的评级方法基本和公司债券信用评级方法保持一致。但是，为了应对资产证券化特殊设计所带来的复杂性与风险特性，评级机构在评级过程中不仅使用传统评级方法对产品违约风险进行评估，还对非违约风险（如层级设计、交易结构等所带来的风险）进行评估，即需要考虑基础资产产生的现金流是否足以支付特定层级证券的现金流要求。

具体而言，资产证券化的信用评级主要采用"两步法"：第一，针对基础资产组合，进行信用风险建模（Credit Risk Modelling）；第二，针对现金流分布，进行结构化分析（Structural Analysis）。特别是在结构化分析中，主要关注交易结构特性，考虑信用风险分析与法律评估，以及所有与交易相关的第三方信息，以此来进行详细的现金流建模分析。在整个分

---

① 在次贷危机中，虽然资产证券化设计依然在为投资者传递着基础资产质量信号，但是对于投资者而言，其可信度大大降低，因而作为积极信号而言，其效用是大幅度减小的。

析中，除了要进行传统的信用风险分析（PD、LGD、违约相关性）外，还需要进行结构化风险评估，包括评估市场风险（如提前偿付风险、利率汇率风险等）、第三方风险（如与第三方服务商、资产管理机构、交易对手等行为有关的风险）、法律风险（如与SPV破隔离有关的真实出售评估等）。这些分析最终会反馈回信用风险建模中，成为决定产品信用评级的依据。由此可以得出，资产证券化信用评级不仅能够反映基础资产的信用风险，还能够反映资产证券化结构设计所带来的结构化风险，因而资产证券化评级可以被认为是资产支持证券风险的综合体现。

正是由于资产证券化信用评级所具有的特性，使其成为被资产证券化市场广泛使用的风险评估指标。CGFS（2005）的调查研究显示，资产证券化市场对信用评级的依赖显著高于传统的债券市场，使信用评级成为市场中主要的信用信息来源。特别是对于投资者而言，需要依赖资产证券化的信用评级[1]。其主要原因就在于难以获得基础资产相关的信息，这可能是由于获得相关信息的成本相对于期望收益而言太高，或者是由于资产支持证券有限存续的背景，降低了投资者主动进行监测和管理的动机。除此之外，资产证券化信用评级会进行调整，其调整依据主要来自受托人或资产管理机构的报告，报告中有关资产支持证券（特别是基础资产）的相关信息会纳入评级机构的评估程序，进而对相应的评级进行调整。投资者能够依据评级的变动，对相应的投资进行调整。

根据资产证券化信用评级的特征分析，可以发现评级是对资产证券化设计和基础资产质量的综合评估，因而体现为向投资者传递积极信号的主要形式。特别是在有限的信息获取环境下，无论是发行方还是投资人，都存在较为明显的评级依赖，因而资产证券化信用评级可以被视为影响投资者信心的主要指标。

---

[1] CGFS（2005）的调查显示，投资者对信用评级的依赖程度并不像想象中的那样严重，许多投资者表示，能够意识到只依赖于评级可能带来风险，但是大多数投资者还是需要通过评级机构所提供的相关信息进行交易决策。

3.4 实证方法

3.4.1 研究思路

根据上文的研究分析，可以得出一个结论，即投资者信心会影响其对资产支持证券的定价，从而影响其流动性状况；而资产证券化信用评级作为除宏观经济要素之外最为重要的投资者信心影响因素，其变动则会引起投资者对资产支持证券的定价。本节研究希望通过实证分析的方法，来验证这一结论。进行实证分析的基本假设为，投资者对资产支持证券的定价会随着投资者信心的提高而升高，投资者的信心会随着资产支持证券的信用评级的上调而升高。也就是说，当投资者对资产支持证券的信心以投资者定价来表示时，如果投资者定价随着相应资产证券化评级的上调出现显著上升的情况，就说明资产证券化特殊设计所传递出的积极信号会对投资者信心产生显著的影响。

对资产证券化设计的研究文献往往集中于理论的推导与论证，较少文献在实证研究领域对相关问题展开直接研究。目前，最为相近的实证研究是对资产证券化动因的问题研究，即通过发行人选择进行资产证券化的动因分析，间接地体现资产证券化设计的特性。王志强（2008）与 Affinito 和 Tgliaferri（2010）通过考察银行证券化行为（或数量）与银行财务指标（如流动性指标、资产质量指标和监管资本指标等）的相关性，检验银行财务特性是否能够体现银行进行资产证券化的动因。Bannier 和 Hansel（2006）与 Farruggio 和 Uhde（2015）则对类似的研究方法予以发展，还加入市场因素、宏观经济要素进行实证分析。此外，还有的研究采用贷款层面数据（Nadauld 和 Weisbach，2012）或构造特定指标（Loustkina，2011）来对相应问题进行实证分析。与上述实证研究不同，Park（2013）首次采用直接能够体现资产证券化特征的指标（如信用评级、抵押类型、基础资产指标、买卖价差等），对资产证券化设计的非信息敏感性进行了有效的实证检验。

  这些实证分析，均通过分析资产证券化行为与各类因素的相关性，来直接或间接验证资产证券化设计的特性及其影响。但是，这些研究都没有能够从投资者定价的角度出发，直接研究资产证券化设计对资产支持证券定价的直接影响。而本文的研究正是站在投资者的视角，来观察资产证券化设计的特性（信用评级）对投资者定价的影响。因此，与现有的实证研究不同，本节的研究需要采用资产证券化的价格数据与评级数据。考虑到资产支持证券相关指标收集的困难性，本文需要进行的实证研究也难以采用上文所提到的分析方法（对多个指标进行回归分析）。综合考虑研究需要和研究条件，本文最终选用事件研究法进行研究，即通过对资产支持证券信用评级变动前后超额收益的计算与显著性检验，来验证投资者对资产支持证券的定价是否会随着信用评级上调而升高。

3.4.2 事件研究模型构建

  在金融市场中，当某一事件（如合并、收购、公告等）发生时，可能会对相应的股票价格、交易量或公司价值产生冲击。事件研究（Event Study）就是用于评估这种冲击的研究方法，通过衡量事件发生后的超额收益，来判断事件对股票价格或公司价值所产生的影响。目前，事件研究方法广泛应用于金融经济研究领域，已经有大量的实证文章采用这一方法进行了分析。事件研究除了在信息对股票的超额收益、企业收购的财富效应等问题研究中发挥了重要作用外，还为信用评级对企业债券或股票的影响分析提供了有效的方法。Hand 等（1992）和 Wansley 等（1992）通过使用事件研究方法，分析了信用评级的变动对公司债券或股票收益率的影响，发现在信用评级变动之后，确实出现了显著的超额收益（损失）。由于债券与股票相比存在一些显著特性（如存在固定的票息），会影响其真实收益率水平，使在计算超额收益时需要作出一定的调整。Steiner 和 Heinke（2001）在估计超额收益中，考虑票息发放对收益的影响，采用了持有期收益率（Holding Period Return）。我国学者唐毅亭等（2006）则使用事件研究方法的基本原理，通过估计超额流动性的方法，评估公开信息对银行间债券的影响。

采用事件研究方法分析信用评级变动对资产支持证券的影响时，同样需要考虑资产支持证券的特性。由于资产支持证券（特别是投资级证券）与公司债券均属于固定收益类资产，特别是在现金流偿付（如固定票息支付）中存在一些共性，因而在研究中，更多地参考了前人对债券相关问题的研究方法。总体而言，研究主要采用袁显平和柯大钢（2006）总结的事件研究基本研究步骤与方法，并结合资产支持证券的特性，对研究方法进行了设定。

3.4.2.1 定义事件与事件窗

本节研究的事件为投资级资产支持证券信用评级的变动，包括评级向上、向下的变动[①]（如表3-1所示），评级变动的数据来源于彭博数据库（Bloomberg），选用S&P、Moody's、Fitch、Morningstar、DBRS、KBRA对美国资产支持证券的长期投资级评级。本节研究选取了2015年4月1日至30日市场中资产支持证券的信用评级变动为研究事件，评级变动日为事件发生日，事件发生前后2个、5个、10个交易日（[-2, 2]，[-5, 5]，[-5, 10]，[-10, 10]）为事件窗口，用于估计超额收益；事件发生窗口期前的120个交易日为估计窗口，用于估计正常收益。对于事件窗的选择，主要取决于具体问题研究的需要。袁显平和柯大钢（2006）指出，按照事件窗的长度，可以分为短期事件研究（事件窗小于1年）与长期事件研究（事件窗大于等于1年）。由于从长期看，资产支持证券评级变动相对频繁，其他因素（特别是宏观经济因素）可能为研究带来重大影响。为了将问题的分析集中于信用评级变动是否影响到投资者对资产支持证券的定价，本节研究选择只进行短期事件研究。在评级变动的事件窗内，如果投资者出价出现显著的超额收益，则说明评级变动会对投资者对资产支持证券的定价或投资者信心产生显著的影响。

[①] 由于评级向下变动的资产支持证券交易数据无法满足分析需求，因此，本节研究主要针对评级向上变动进行了实证分析。具体的数据样本筛选标准与结果请见下文介绍，在此不再赘述。

表 3-1　　　　　　　评级变动情况表

评级上调	593
评级下调	433
评级展望上调	14
评级展望下调	24
评级变动总数	1064

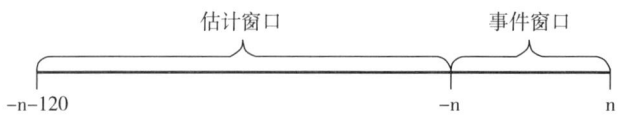

图 3-8　事件研究的窗口划分

3.4.2.2　正常收益的估计

要估计出超额收益，首先需要在估计窗口估计出正常收益。一般而言，在事件研究中，通常可采用均值调整模型、市场模型、市场调整模型、多因子模型和经济模型。其中，均值调整模型的主要思想是将估计窗口的平均收益作为时间窗口内的正常收益，这种方法最为简单，但是估计的有效性需要较强的假设条件来保证；市场模型则是采用对市场组合收益率回归的方式，估计出正常收益水平下的估计参数，这种方法剔除了单个资产收益中与市场收益波动联动的部分，能够有效降低超额收益率的方差；市场调整模型使用市场综合回报率作为正常收益率，即假设在同一时期，所有资产正常收益率都等于市场综合回报率，这种方法一般用于估计区间非常短，无法获得足够样本估计市场模型的情况中；多因子模型则是在估计正常收益中，除了加入市场因子，还会进一步加入行业指数等其他因子，这种方法一般适用于样本公司属于同行业，或细分市场特征非常明显的情况；经济模型则一般指使用 CAMP 模型和 APT 模型进行正常收益估计，这种方法相对复杂，一般应用于对股票收益估计的问题中。

在事件研究的实证文献中，较多采用市场模型的方法进行正常收益的估计，证明市场模型往往有较好的表现。但是，在对公司债券相关问题的研究中，则也会选择市场调整模型。Steiner 和 Heinke（2001）与 Hand 等

(1992) 在对公司债券的事件研究中,均使用了市场调整模型,即采用长期美国国债收益率作为正常收益率,通过对比实际债券收益率与国债收益率的差额,来体现超额收益。综合考量各种方法的利弊,本节研究最终选择了市场模型法,其估计模型为:

$$R_{it} = \alpha_i + \beta_i R_{mt} + \varepsilon_{it}, E[\varepsilon_{it}] = 0 \quad \text{Var}[\varepsilon_{it}] = \sigma_{\varepsilon_i}^2 \quad (3-3)$$

$$R_{it} = \ln\left(\frac{K_{it}}{K_{it-1}}\right) \quad (3-4)$$

在式(3-3)中,R_{it} 为第 i 个资产支持证券在 t 时刻的收益率,R_{mt} 为在 t 时刻的市场组合收益率,α_i 和 β_i 则为待估参数。估计窗口期的第 i 个资产支持证券在 t 时刻的收益率由式(3-4)计算所得,其中,K_{it} 表示第 i 个资产支持证券在 t 时刻的投资者出价(Bid Price)。在估计窗口期,在 t 时刻市场组合收益率使用彭博数据库提供的 BUSC 指数(Bloomberg US Corporate Bond Index,美元公司债指数①)。

建立上述正常收益估计模型,主要是考虑了三个方面的原因。第一,综合考虑估计模型的适用性和前人研究的经验,主要可选择市场模型法或市场调整模型;在与资产支持证券最为接近的债券研究中,一般会考虑固定支付的票息对正常收益率的影响②,更为真实地体现债券收益的特性,从而能够直接与国债收益率进行比较,即采用市场调整模型;但是,对于资产支持证券来讲,由于其数据收集的复杂性,在计算收益率中考虑票息支付较为困难,且其与债券收益还存在着较为明显的差异,直接与国债收益率相比则可能产生较大的估计误差;因此,本节研究最终选用了市场模型。第二,本节实证的目的根本在于研究投资者信心对于投资者资产支持证券定价的影响,而投资者出价相较于收盘价(Closing Price)而言,更能体现投资者对资产价值评估的表现。第三,目前较难寻找到适合资产支

---

① 彭博美元公司债指数是基于一定规则的市值加权指数,旨在衡量投资级定息应税公司债市场。包括美国和非美国公司债发行人公开发行的美元计价证券。证券必须至少达到2.5亿美元面值才可被纳入该指数。

② 在 Steiner 和 Heinke(2001)的研究中,定义 $R_{it} = \ln\left(\frac{F_{it}}{F_{it-1}}\right)$,$F_{it} = K_{it} + \frac{C_i}{365}V_i$,其中 K_{it} 为债券 i 在 t 时刻的收盘价,C_i 为支付的票息,V_i 为最近一次票息支付过去的时间。

持证券指数,与资产支持证券特征相近的投资级公司债券组合收益率则可以成为较好的替代指标。

3.4.2.3 超额收益的估计

在估计窗口进行正常收益回归,可获得参数 $\hat{\alpha}_i$ 与 $\hat{\beta}_i$,则有式(3-5):

$$R_{it(est)} = \hat{\alpha}_i + \hat{\beta}_i R_{mt(est)} + e_{it} \qquad (3-5)$$

$$E[R_{it(event)}] = \hat{\alpha}_i + \hat{\beta}_i R_{mt(event)} \qquad (3-6)$$

$$AR_{it} = R_{it(event)} - E[R_{it(event)}] \qquad (3-7)$$

根据式(3-5),在事件窗口计算正常收益率,即计算事件窗口的预期收益率,如式(3-6)所示。使用事件窗口的实际收益率,减去事件窗口的预期收益率,即为每个资产支持证券在 t 时刻的超额收益,如式(3-7)所示。

在计算出每个资产支持证券的超额收益后,一般还会计算平均超额回报率和累积超额回报率。其中,平均超额回报率为在事件窗口的某一个时点 t 上,N 个资产支持证券的超额收益率的平均值,表现为式(3-8)的形式。在此基础上,可以进一步计算这 N 个资产支持证券在事件期 $[t_1, t_2]$ 的累积平均超额回报率,表现为式(3-9)的形式。

$$AAR_t = \frac{1}{N} \sum_{i=1}^{N} AR_{it} \qquad (3-8)$$

$$CAR(t_1, t_2) = \sum_{t=t_1}^{t_2} AAR_t \qquad (3-9)$$

需要强调的是,在实证研究中,对整个事件窗口的累积超额回报率进行了计算,以观察整个样本在事件窗时期整体的超额收益是否显著;同时,还对事件窗口内逐日累加累积回报率进行了计算,以观察事件窗口内每一日累积回报率的情况。

3.4.2.4 超额收益的检验

在计算出超额收益率之后,需要对事件窗口内的超额收益率的显著性进行检验。检验的基本假设为超常收益或累积超常收益的均值为0。在经典事件研究中，通常采用参数检验法与非参数检验法两大类。根据袁显平和柯大钢（2006）对事件研究在金融经济研究中的研究方法总结，本节研究选择同时对超额收益率进行参数法与非参数法进行检验。其中，在参数检验法下，对于累积超额收益率的检验采用式（3-10）的统计量：

$$J_1 = \frac{CAR(t_1,t_2)}{[\sigma^2(t_1,t_2)]^{\frac{1}{2}}} \sim N(0,1) \qquad (3-10)$$

其中，

$$\sigma^2(t_1,t_2) = L_2 \sigma^2(AAR_t) \qquad (3-11)$$

对于逐日累积超额收益率，则采用式（3-12）的统计量：

$$J_2 = \left(\frac{N(L_1-4)}{L_2-2}\right)^{\frac{1}{2}} SCAR(t_1,t_2) \qquad (3-12)$$

其中，

$$SCAR(t_1,t_2) = \frac{1}{N}\sum_{i=1}^{N} \frac{CAR_i(t_1,t_2)}{[\sigma_i^2(t_1,t_2)]^{\frac{1}{2}}} \sim N(0,1) \qquad (3-13)$$

在参数检验中，假设 J_1 和 J_2 统计量均渐进地服从标准正态分布。非参数检验法则不受特定的分布假定。本节的研究同时也采用了非参数检验法中的符号检验法。符号检验法以超额收益的符号为基础，要求各个超额收益或累积超额收益互相独立。基本假设为正的超额收益的比例为 0.5，检验统计量为：

$$J_3 = \left[\frac{N^+}{N} - 0.5\right] \frac{N^{0.5}}{0.5} \sim N(0,1) \qquad (3-14)$$

其中，N^+ 表示超额收益为正的样本观测值个数，N 为样本总数。

3.4.3 数据描述

本节研究所采用的数据来源于彭博数据库，所选用的资产支持证券选自 2015 年 4 月 1 日至 30 日有信用评级出现变动的美国投资级资产支持证券。在待选资产支持证券化列表中，首先剔除了在估计窗口和事件窗口出现一次以上信用评级变动的资产支持证券，以剔除同个资产支持证券多个事件的影响。最终选择 224 个有有效交易数据的资产支持证券的投资者出价组成数据样本。在224个资产支持证券中，75%以上的证券有270个以上交易数据，最高为292个交易日数据，仅有5%的证券交易日等于或小于151个交易日，最低为50个交易日。

表3-2　　　　　　　　面板数据分布情况描述

n = 224, T = 313							
数据	Min	5%	25%	50%	75%	95%	Max
分布	50	151	270	270	270	292	292

每只资产支持证券的交易数据均选用当日投资者出价（Bid Price），每日每只证券的收益率通过前文提到的式（3-4）进行计算。市场每日收益率则采用相同的方法进行计算，市场每日价格采用BUSC指数。每只资产支持证券日收益率和市场日收益率的描述统计如下：

表3-3　　　　　　　　数据样本统计描述

变量	观测值	均值	标准差	最小值	最大值
证券收益率	59169	9.29e-06	0.0052583	-0.161936	0.9872419
市场收益率	59169	0.0000368	0.0028748	-0.0080198	0.0084968

3.5　实证结果

3.5.1　实证结果与检验

本节研究分别计算了事件窗口[-2,2]、[-5,5]、[-5,10]、[-10,10]期间每只资产支持证券的超额收益、累积超额收益、逐日累加累积超额收益。以[-5,5]窗口为例，其计算结果如表3-4所示，在事件窗口期，资产支持证券的超额收益率均值为 4.308bps[①]，最小值为 −289.090bps，最大值为 442.192bps，且至少 50% 的超额收益大于 0；累积超额收益的均值为 47.386bps，至少 75% 的累积超额收益大于 0；逐日累加累积超额收益的均值为 29.811bps，至少 50% 的逐日累加累积超额收益大于 0；累积超额收益与逐日累加累积超额收益的统计特征更为接近。

表 3-4　　　　　　　超额收益计算结果统计表

超额收益（abnormal_return）			
百分位数	最小值	统计特征	
1%	−0.002643	−0.028909	观测值个数	2332
5%	−0.0011923	−0.0185125	均值	0.0004308
10%	−0.0007118	−0.0160472	标准差	0.0022441
25%	−0.0001868	−0.0156581	方差	5.04E−06
50%	0.0000906	最大值	偏度	5.660224
75%	0.000687	0.0257589	峰度	124.4316
90%	0.0018806	0.0304726		
95%	0.0031053	0.0320798		
99%	0.006862	0.0442192		
累积超额收益（CAR_id）			
百分位数	最小值	统计特征	
1%	−0.0034201	−0.0158319	观测值个数	2332
5%	−0.0019506	−0.0158319	均值	0.0047386
10%	−0.0017344	−0.0158319	标准差	0.0073509
25%	0.0000917	−0.0158319	方差	0.000054
50%	0.0031658	最大值	偏度	2.470874
75%	0.0069852	0.0451777	峰度	13.28225

① 1bps=0.01%。

续表

累积超额收益（CAR_id）				
	百分位数	最小值	统计特征	
90%	0.0127843	0.0451777		
95%	0.0147676	0.0451777		
99%	0.041823	0.0451777		
逐日累加累积超额收益（CAR_date）				
	百分位数	最小值	统计特征	
1%	-0.0039425	-0.028909	观测值个数	2332
5%	-0.0020397	-0.0173115	均值	0.0029811
10%	-0.001696	-0.0169489	标准差	0.005728
25%	-0.0003127	-0.0158319	方差	0.0000328
50%	0.0012079	最大值	偏度	2.827991
75%	0.0051482	0.0451777	峰度	19.15655
90%	0.0097321	0.045496		
95%	0.0126832	0.0491435		
99%	0.0260073	0.0501291		

对样本总体的累积超额收益（CAR_id）的检验结果如表 3-5 所示，表明可以在 1% 的水平上拒绝样本中所有资产支持证券的累积超常收益为 0 的原假设，说明样本总体存在显著的累积超额收益。

表 3-5　　　　　样本总体累积超额收益检验

窗口	Coef.	Robust Std. Err.	t	P>|t|	[95% Conf. Inverval]	
[-2, 2]	0.00261	0.00033	7.82	0	0.00195	0.00326
[-5, 5]	0.00474	0.00051	9.37	0	0.00374	0.00574
[-5, 10]	0.00617	0.00058	10.66	0	0.00503	0.00732
[-10, 10]	0.00882	0.00064	13.84	0	0.00756	0.01007

对逐日累加累积超额收益的参数检验结果如表3-6所示。可以看出，在事件发生前后（包括事件发生日0）的交易日内，除事件发生前第5个交易日之外，其他交易日均存在显著的超额收益。

表3-6　　　　　逐日累加累积超额收益参数检验

Date	Coef.			
	[-2, 2]	[-5, 5]	[-5, 10]	[-10, 10]
-10	—	—	—	0.00215*** (6.32972)
-9	—	—	—	0.00253*** (6.48978)
-8	—	—	—	0.00326*** (7.27476)
-7	—	—	—	0.00289*** (5.92031)
-6	—	—	—	0.00254*** (5.25915)
-5	—	5.34E-05 (0.31328)	5.34E-05 (0.31328)	0.00269*** (5.87580)
-4	—	0.00029*** (2.55405)	0.00029*** (2.55405)	0.00281*** (6.13776)
-3	—	0.00148*** (5.90484)	0.00148*** (5.90484)	0.00417*** (9.43376)
-2	0.00084*** (8.20427)	0.00235*** (7.53552)	0.00235*** (7.53552)	0.00511*** (10.68861)
-1	0.00194*** (7.59446)	0.00348*** (8.98626)	0.00348*** (8.98626)	0.00612*** (11.66354)
0	0.00213*** (7.48389)	0.00368*** (8.86042)	0.00368*** (8.86042)	0.00630*** (11.72855)

续表

Date	Coef.			
	[-2, 2]	[-5, 5]	[-5, 10]	[-10, 10]
1	0.00227 *** (7.36772)	0.00383 *** (8.77834)	0.00383 *** (8.77834)	0.00635 *** (11.63485)
2	0.00261 *** (7.81803)	0.00420 *** (9.38522)	0.00420 *** (9.38522)	0.00685 *** (12.05576)
3	—	0.00428 *** (9.50273)	0.00428 *** (9.50273)	0.00692 *** (12.03535)
4	—	0.00440 *** (9.80998)	0.00440 *** (9.80998)	0.00704 *** (12.30785)
5	—	0.00474 *** (9.36590)	0.00474 *** (9.36590)	0.00744 *** (12.54705)
6	—	—	0.00493 *** (9.77494)	0.00761 *** (12.68826)
7	—	—	0.00505 *** (9.55564)	0.00771 *** (12.51191)
8	—	—	0.00538 *** (9.16016)	0.00782 *** (12.57763)
9	—	—	0.00602 *** (10.64180)	0.00856 *** (13.77883)
10	—	—	0.00617 *** (10.65570)	0.00882 *** (13.83681)

注：t 统计量标注在每个估计系数下方的圆括号中，＊＊＊表示1%置信水平显著，＊＊表示5%置信水平显著，＊表示10%置信水平显著。

对逐日累加累积超额收益的非参数检验结果如表3－7所示。结果表明，在事件发生前，发生前第5个交易日的累积超额收益不显著，与参数检验的结果相同。在事件发生后，第1个、4个、5个、7个、8个、10个交易日，均出现了超额收益不显著的状况。这说明从第4个交易日开始，超额收益逐渐出现不显著的趋向。从时序图3-9中也可以看出，从事件发生后的第4个、第5个交易日开始，平均累积超额收益逐渐趋于平缓①。

表3-7 逐日累加累积超额收益非参数检验

Date	N^+			
	[-2, 2]	[-5, 5]	[-5, 10]	[-10, 10]
-10	—	—	—	154*** (7.46)
-9	—	—	—	149*** (6.75)
-8	—	—	—	138*** (5.21)
-7	—	—	—	73*** (-3.94)
-6	—	—	—	68*** (-4.64)
-5	—	107 (0.14)	107 (0.14)	104 (0.42)
-4	—	123** (2.34)	123** (2.34)	121*** (2.81)
-3	—	125*** (2.61)	125*** (2.61)	127*** (3.66)
-2	169*** (8.56)	172*** (9.07)	172*** (9.07)	168*** (9.43)
-1	164*** (7.88)	166*** (8.24)	166*** (8.24)	158*** (8.02)

① 各窗口完整实证结果见附录1、附录2。

续表

Date	N^+			
	[-2, 2]	[-5, 5]	[-5, 10]	[-10, 10]
0	132*** (3.49)	129*** (3.16)	129*** (3.16)	116*** (2.11)
1	105 (-0.21)	112 (0.82)	112 (0.82)	108 (0.99)
2	133*** (3.63)	131*** (3.43)	131*** (3.43)	127*** (3.66)
3	—	120* (1.92)	120* (1.92)	123*** (3.10)
4	—	106 (0.00)	106 (0.00)	106 (0.70)
5	—	106 (0.00)	106 (0.00)	100 (-0.14)
6	—	—	125*** (2.61)	125*** (3.38)
7	—	—	94* (-1.65)	98 (-0.42)
8	—	—	116 (1.37)	115** (1.97)
9	—	—	174*** (9.34)	169*** (9.57)
10	—	—	112 (0.82)	101 (0.00)

注：N^+ 表示样本中超额收益为正的样本个数，J 统计量标注在每个估计系数下方的圆括号中，*** 表示 1% 置信水平显著，** 表示 5% 置信水平显著，* 表示 10% 置信水平显著。

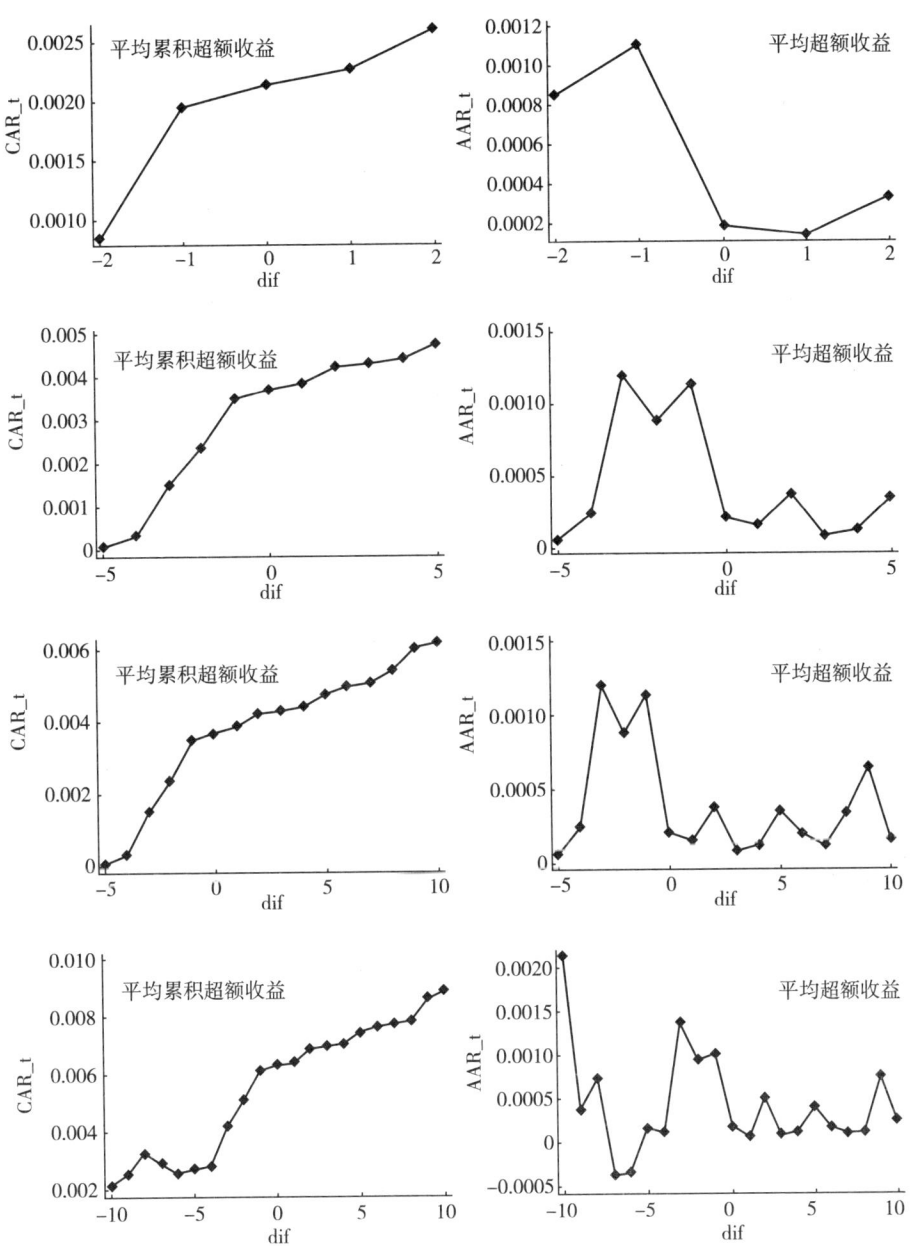

图3-9 平均累积超额收益与平均超额收益时序图

3.5.2 结论分析

实证结果显示，在资产支持证券信用评级上调前后的事件窗口，确实存在着显著的正向超额收益，这验证了信用评级上调会增强投资者信心，提升投资者对资产支持证券定价的推断。具体而言，这种影响体现在三个方面。

第一，在信用评级上调前四个交易日存在显著的超额收益，可能的解释为在信用评级变动的信息正式发布之前，市场中存在提前泄露相关信息的情况（如投资者能够获知影响评级的关键因素相关信息），使投资者在信息发布之前就受到了影响，这也从另一个角度说明了投资者对评级信息的敏感性。

第二，在评级上调当日，存在显著的超额收益，这说明评级变动信息的发布确实对市场中投资者的定价行为产生了显著的影响，这种结果的产生，很可能与市场提前泄露的评级信息不完全有关（例如，投资者提前获知某只资产支持证券的评级因素很可能导致其评级上调，但投资者并不知道评级会上调几个级别）。也就是说，当评级变动的完整信息正式发布时，对投资者依然存在着显著的影响力。

第三，在评级上调后的多个交易日内，可以看到评级变动的信息依然会显著地影响投资者对资产支持证券的定价。但是，从非参数检验的结果来看，上调后的第1个、第4个、第5个、第7个、第8个、第10个交易日的超额收益并不显著。其中，在第1个交易日出现超额收益不显著的状况，很可能是由投资者对评级上调当日超额定价的回调行为导致。从事件发生后的第4个交易日开始，评级上调对投资者定价的影响逐渐减弱，说明对提升投资者信心的效果有所降低。

3.6 <u>结论与政策建议</u>

本章主要对信息不对称条件下，资产证券化的设计原理、特征、作用机制等进行了系统的分析与讨论。其中，结合现有资产证券化设计的基本原理，对资产证券化设计对信息不对称的作用机制进行了详细分析。研究表明，资产证券化的这些特殊设计，能够有效缓解信息不对称问题对资产证券化流动性带来的影响。然而，这种作用机制分析，难以完全解释次贷危机中资产证券化市场整体的崩溃的原因。基于对作用机制的理论分析，本章研究创造性地将投资者信心引入资产证券化设计作用机制分析，将资产证券化的特殊设计与投资者对资产支持证券定价联系在一起，进而探讨投资者信心与资产证券化流动性的关系。

具体而言，在投资者无法获得资产支持证券基础资产质量的确切信息时，资产证券化特殊设计可以向投资者传递积极的资产质量信号，从而增强投资者信心，进而驱使投资者提升对资产支持证券的定价，即减少证券折价，最终提升证券在市场中的流动性。而通过对资产证券化信用评级方法、机制和特征的分析，研究发现，资产证券化信用评级可以作为传递资产质量信号的主要指标。基于上述分析，本节研究还通过使用事件研究的方法，分析了美国资产证券化市场中，信用评级的变动是否会显著影响投资者信心。实证分析结果表明，随着资产支持证券的信用评级上调，投资者定价确实会产生显著的超额收益，进而证实了资产证券化信用评级确实会对投资者信心产生显著的影响。

根据上述结论，可以进一步得知，在次贷危机发生初期，由于大量的次级贷款支持证券违约，使投资者对资产证券化信用评级——资产质量信息指标的可信度产生质疑，使评级能够为投资者带来的积极信号减小，导致投资者信心大幅降低，投资者对资产支持证券的定价也随之缩水，最终造成了整个资产证券化市场的流动性枯竭。这也就解释了，为什么在次贷危机结束后，基础资产状况显然好转的情况下，资产证券化市场依然出现投资需求不足的问题。

根据上述结论，可以为资产证券化相关的政策制定与实施提供一定借鉴：

第一，在政策制定与实施过程中，需要客观理解资产证券化设计的特性，合理安排对资产证券化设计创新的限制。由于资产证券化设计存在的复杂性会为资产证券化带来"风险掩盖"的问题，所以在对资产证券化监管的实践中，特别是在次贷危机后，需要特别关注资产证券化的创新设计，限制其对证券产品进行过度的复杂化，避免发行人借机向投资者传递错误或有偏差的"安全"信号，从而导致性风险累积。但是，在设定限制条件的同时，还应考虑资产证券化所面临的信息不对称问题。事实上，资产证券化的设计，能够有效应对逆向选择导致的折价问题，是资产证券化保持生命力与活力的重要原因。对资产证券化创新设计过为严厉的限制，很可能会损害进行资产证券化的积极性，阻碍整个市场的健康发展。因此，在政策制定中，需要合理规划对资产证券化创新设计限制的条件与限制的强度；在政策实施中，则应根据市场合理需要，进行客观分析和宏观考量。

第二，在资产证券化的监管与政策制定实施过程中，需要加入对投资者信心的关注。对投资者信心的关注，在股票市场由来已久，相应的投资者保护机制也逐渐建立了起来，而在资产证券化市场却很少讨论投资者信心问题。资产证券化市场中的投资者大多为机构投资者，其对市场中信息反应更为敏感，从而使这类投资者信心更为"脆弱"——这类投资者信心会随着市场中信息（特别是宏观经济信息与市场信息）的改变而迅速发生变化。为预防危机时投资者信心迅速降低而引发市场挤兑，在资产证券化的监管与政策制定实施中，需要采取适当措施保证投资者信心的稳定，而这种措施可以是加强对资产证券化信用评级的监管。次贷危机的教训表明，当部分资产支持证券违约时，不仅这些证券的评级受到了质疑，也引发了投资者对评级机构给出的所有评级结果的质疑，这对投资者信心带来了极大的打击。因此，需要加强对评级机构的评级依据和评级过程的监管，要求其定期严格披露相关信息，以增强投资者对评级的信任度。

第三，需要进一步加强资产证券化相关信息的披露。次贷危机的爆发，也显示出整个资产证券化市场对信用评级的过度依赖。随着信用评级所能传递的积极信号作用大幅减弱，投资者又无从获得其他资产支持证券相关的积极信号，从而使投资者信心迅速降低。因此，为尽可能减少信用评级可能带来的负面效应，就需要解决对评级过度依赖的问题，向投资者传递评级以外的积极信号。

总而言之，资产证券化设计是应对信息不对称问题、增加资产支持证券流动性的主要途径，是资产证券化活动进行的核心。因此，在监管政策制定和实施过程中，需要客观认识资产证券化设计的基本原理，分析其在信息不对称条件下的作用机制，才能在控制资产证券化可能带来的风险同时，保证资产证券化市场的活力，促进整个市场健康发展。

4

资产证券化中的道德风险与逆向选择

4.1 引言

在资产证券化的过程中,贷款资产的信用风险被发起人转移出表,就为发起人选择证券化出售低质贷款资产、降低借款人筛选标准创造了动机。随着次贷危机的爆发,大量次级贷款资产支持证券化违约,整个资产证券化市场崩溃,资产证券化中的逆向选择与道德风险问题受到了广泛关注,并被认为是诱发次贷危机发生的重要原因。有证据表明,早在次贷危机发生之前6年,抵押贷款质量就已出现问题,而且证券化机构一定程度上已了解这一情况(Demyanyk和Hemert,2011),但依然有大量的低质贷款进入证券化市场,促成了"虚假繁荣",并最终导致了市场的崩溃。在这样的背景下,资产证券化中是否存在逆向选择和道德风险问题、这些问题体现出怎样的特性,都成为学术界的研究热点。

但是,由于资产证券化设计本身存在的复杂性,相关数据获取的困难性,以及宏观经济和其他因素的影响,使衡量逆向选择和道德风险成为了一个难题。现有的研究,由于采用不同的分析视角、研究指标和产品对象,往往得出不尽相同的结论,对资产证券化中是否普遍存在逆向选择和道德风险存在着一定争议。

本文基于前人的研究,站在资产证券化发起人的视角,通过分析发起人行为动机与表现,讨论逆向选择和道德风险的作用机制和影响因素。本文研究提出,可以使用发起人不良贷款率对逆向选择和道德风险进行衡量,通过观测不良贷款率的变动方向,进而推断逆向选择或道德风险是否存在或发生作用。分析显示,随着发起人进行资产证券化的规模增加,如果不良贷款率增加,则表明道德风险存在,反之则表明逆向选择存在。本文还就这一推论进行了实证检验,即采用美国银行层面数据,通过差分GMM的方法,分析银行不良贷款率与表外证券化贷款资产总额的相关性,从而检验是否存在逆向选择或道德风险。

本文结构安排如下：第一部分为引言；第二部分为相关文献综述，主要对近年来相关的实证文章进行了梳理和总结；第三部分介绍逆向选择、道德风险与不良贷款率的关系，包括分析逆向选择和道德风险下的发行人行为，不良贷款率对逆向选择与道德风险的衡量等；第四部分为实证方法的介绍，包括基本研究思路、模型构建和数据样本描述；第五部分为实证结果与稳健性检验；第六部分为结论分析与相应的政策建议。

4.2 理论基础

依据 Leland 和 Pyle（1977）有关金融中介的理论，早期的资产证券化研究认为，银行可以通过在贷款证券化（出售）的过程中自留部分贷款，来向投资者传递积极的信号，以应对信息不对称可能带来的"柠檬问题"（Pennachi，1988；Gordon 和 Pennacchi，1995；Demarzo 和 Duffie，1999）。由此展开，为应对信息不对称环境下可能产生的信息破坏效应（Information Destruction Effect），资产证券化设计还包括打包、分级、隐性追索（Implicit Recourse）的设计（Glaeser 和 Kallal，1997；DeMarzo，2005；Higgins 和 Mason，2004；Vermilyea 等，2008），而这些设计的直接后果就是使市场中的优级证券化产品（AAA 级）具有很低的信息敏感度（Park，2013）。随着次贷危机的发生，隐藏在非信息敏感的证券化产品背后的问题暴露了出来，非知情的投资者不愿继续投入证券化市场中，并最终引发了整个市场的崩溃（Hanson 和 Sunderam，2013）。

一般认为，资产证券化带来的逆向选择和道德风险问题，是引发次贷危机爆发的重要原因。对于资产证券化过程中，发起人是否选择将较低质量的贷款资产进行证券化（逆向选择），发起人是否在进行资产证券化的同时放松了对借款人筛选与管理的标准（道德风险），都成了次贷危机后讨论的热点。由于各方研究所依托的背景、方法、数据等都不尽相同，研究结果出现了明显的差异。

Ashcraft 和 Schuermann（2008）从监管视角出发，基于对次贷危机中次级抵押贷款证券化市场的分析，结合实践中资产证券化各个主体的表现分析，发现逆向选择和道德风险确实存在于资产证券化的过程中，且不仅出现于发起人行为中，服务商、第三方评级机构等均存在着类似的问题，是次级抵押贷款证券化市场的核心摩擦（Key Friction），也是导致次贷危机中整个证券化市场的崩溃的重要因素。Berndt 和 Gupta（2009）则站在借款者的视角，对贷款活跃于二级市场的借款企业表现进行了实证研究。研究发现，在借款企业的贷款于二级市场开始交易的三年内，借款企业的表现（企业价值）显著低于其他可比企业。这种结果的出现原因，很可能是银行选择出售低质贷款（逆向选择），也可能是银行在证券化情况下放松了借款人筛选标准（道德风险）。

除上述研究，更多的研究基于贷款本身，采用贷款层面的数据与信息，对相关问题进行了实证研究。一类分析认为，贷款的价值评估体现了贷款真实的质量状况，折价的现象体现出贷款的较低质量，从而证明逆向选择问题的存在。

Downing 等（2009）基于结构性双因素模型（Structural Two-factor Model），对 1991 年至 2002 年 MBS（Mortgage-backed Securities）数据进行了实证分析。结果表明，出售给 SPV 的贷款平均价值低于未出售贷款，同时发现到期收益率存在 4~6 个基本点的"柠檬利差"。类似地，An 等（2011）通过对比 MBS 贷款与管道贷款（Conduit Loans）发现，管道贷款相较 MBS 贷款享有 34 个基本点的定价优势。

还有一类分析，则是通过研究贷款表现（如违约率），来判断逆向选择和道德风险是否存在。Elul（2009）采用 2005 年至 2006 年抵押贷款的大数据样本进行实证分析，结果表明，证券化的贷款表现确实低于非证券化贷款，这一现象在优级抵押贷款市场表现得最为强烈，在次级抵押贷款市场，这一效应则主要体现在低信息（Low Documentation）的贷款中。在这一结论的基础上，Keys 等（2010）采用 GSEs（Government Sponsored Entities）披露的贷款信息，对比了高证券化贷款组合（高 FICO 分数）与低证券化贷款组合（低 FICO 分数）的违约率，发现前者违约率比后者违约率高出 10%~15%。研究认为，对贷款质量的判断取决于硬信息（Hard Information）与软信息（Soft Information），硬信息可认为是借款人 FICO 评分，软信息则包括借款人其他信息，收集软信息可认为是银行在筛选中付出的努力。由于 GSEs 在购买贷款的过程中，往往只依赖特定硬性指标，如规定只对 FICO 分数大于 620 分的贷款进行证券化。当银行不收集软信息时，会有实际质量较差的借款人"混入"，导致实际违约率高于预期水平。当贷款 FICO 分数低于 620 分时，银行往往会进行软信息的收集，其实际违约率会更接近预期水平。通过断点回归，发现 GSEs 购买的贷款违约率在 620 分的阈值上确实出现了跳跃，证明进行证券化的贷款筛选标准确实低于非证券化贷款，从而证明了道德风险的存在。Agarwal（2012）则认为在优级抵押贷款市场，银行并未出售高违约风险的贷款，而是选择将其自留在表内。但从贷款提前偿付风险的角度出发，银行通过出售低违约风险、高提前偿付风险的贷款来实现获利，确实证明了逆向选择的存在，但在次级市场逆向选择表现得并不清晰。

与上述研究结论相反，一些研究通过对特定区域或特定类型的资产支持证券的研究，得出道德风险与逆向选择不必然由资产证券化引起的结论。Albertazzi 等（2015）认为，资产证券化并非想象中的那样"邪恶"。在对意大利证券化贷款数据的实证中发现，证券化的贷款违约率较低，并不存在逆向选择问题。银行为了能够重复进入资产证券化市场，需要向市场传递良好声誉的信号，因而银行往往选择自留低质贷款，出售优质贷款。Benmelech（2012）通过考察 CLO（Collateralized Loan Obligation）的贷款表现，发现在企业贷款资产证券化中，逆向选择并不像想象中的那样严重。多项贷款表现测试表明，2005 年以前证券化的企业贷款并不比其他企业贷款差，这很可能是因为在企业贷款进行证券化之前已通过联合贷款的方式解决了逆向选择问题。Bubb 和 Kaufman（2011）则对 Keys 等（2010）给出的结论予以了反驳。他们认为，Keys 等（2010）得出的违约率跳跃并不能证明资产证券化导致贷款筛选放松，即使是在资产证券化市场关闭的状态下，贷款违约率依然在特定阈值上出现跳跃。由于大型的资产证券化发行主体能够对贷款发起人的筛选行为进行控制，因而资产证券化并不会带来所谓的道德风险问题。

4.3 逆向选择、道德风险与不良贷款率

4.3.1 逆向选择与道德风险下的发起人行为

在信息不对称条件下，通过资产证券化的特殊设计，使基础资产存在非公开信息的同时，还能够获得较高的流动性。这就给了资产支持证券的发起人（银行）动机——为应对非完全信息市场中可能存在的折价问题，发起人可以选择实际质量较差的资产进行证券化，从而将较高信用风险的贷款资产转移出表，即为逆向选择；正是由于贷款资产转移出表，发起人理论上不再承担这类资产的风险，因而发起人就有动机选择降低对贷款的筛选和管理标准，从而减少筛选成本，达到利益最大化的目的，即为道德风险。从根本上讲，资产证券化中产生的逆向选择和道德风险问题都来自发起人的行为选择，而发起人行为的动机则来自实现自身的利益最大化。但是，对于发起人而言，是否遵从这些动机并采取相应的行为，并不是简单地依据市场折价和借款人筛选成本作出决策，特别是当发起人为银行机构时，发起人的行为决策还应考虑监管资本要求、风险自留监管规定等因素。这就使情况变得复杂，资产证券化中发起人的行为是否会真的引发逆向选择或道德风险问题，还需要进行仔细的讨论。

假设资产证券化发起人为商业银行，则面临着严格的资本监管，在资产证券化活动中被要求自留一部分风险资产。为了分析简化，假设银行有两类等额贷款资产，对于外部投资者而言，这两类贷款资产为同质资产，有相同的面值、利息和风险特征。在银行将这两类贷款资产中的任一类进行资产证券化后，均能获得来自投资者的支付 $\bar{L}$。但是，这两类贷款的实际质量信息是非公开的，银行通过非公开信息，可以将这两类贷款分为优质贷款与劣质贷款。其中，优质贷款的违约率为 π_G，在不违约的情况下，

可以获得现金流 L，违约后可以获得的现金流为 l_G，且 $0 \leq l_G < L$。劣质贷款的违约率为 π_B，且 $\pi_B > \pi_G$，在不违约的情况下，同样可以获得现金流 L，违约后可以获得的现金流为 l_B，且 $0 \leq l_B < l_G < L$。银行选择将一类贷款证券化出售，另一类贷款留在表内，对于表内的贷款，银行需要计提相应的监管资本 $K(\pi_i)$，根据监管规则，监管资本 $= PD \times LGD \times EAD$[①]，为了简化表述，认为监管资本为贷款违约率的函数，且监管资本随着违约率的升高而升高，表示为 $K(\pi_G) < K(\pi_B)$。可知银行进行优质或劣质贷款证券化所能获得的利润表达式如式（4-1）和式（4-2）所示。其中，$\overline{C}$ 为固定的借款人筛选成本，银行在获得 $\overline{L}$ 时，还可以获得留在表内贷款的收益，但同时也需要对表内的风险暴露进行资本计提。

$$profit_{Good} = \overline{L} + \frac{1}{R_f}[\pi_B l_B + (1 - \pi_B)L] - K(\pi_B) - \overline{C} \quad (4-1)$$

$$profit_{Bad} = \overline{L} + \frac{1}{R_f}[\pi_G l_G + (1 - \pi_G)L] - K(\pi_G) - \overline{C} \quad (4-2)$$

用式（4-1）减去式（4-2），可得式（4-3）：

$$profit_{Good} - profit_{Bad} = \frac{1}{R_f}[(\pi_B l_B - \pi_G l_G) + (\pi_G - \pi_B)L]$$
$$+ [K(\pi_G) - K(\pi_B)] \quad (4-3)$$

可知式（4-3）始终小于 0[②]，基于银行利润最大化原则，可以得出，在银行能通过资产证券化获得固定流动性时，会选择将劣质贷款进行证券化，将优质贷款保留在表内，这样不仅能保证获得表内较高收益，还能减少一定的资本计提。这也说明，银行作为发起人，在资产证券化过程中，其行为很可能会带来逆向选择问题。

类似地，假设发起人为银行，受到严格的监管，要求其对表内贷款资

---

① PD 表示违约概率，LGD 表示违约损失率，EAD 表示违约风险暴露，当银行使用初级内部评级法时，仅需要依据历史数据对 PD 进行模型估计，LGD 和 EAD 均为给定指标。在这里为了描述简化，假设 LGD 与 EAD 为常量。

② 可知式（4-3）能够变形为 $\frac{1}{R_f}[\pi_G(L - l_G) - \pi_B(L - l_B)] + [K(\pi_G) - K(\pi_B)]$，其中 $0 < L - l_G < L - l_B$，$0 < \pi_G < \pi_B$，则有 $\pi_G(L - l_G) < \pi_B(L - l_B)$，$K(\pi_G) < K(\pi_B)$，则可得此等式小于 0。

产进行资本计提,在资产证券化过程中需要自留一部分风险资产。假设银行对贷款组合进行资产证券化,且自留比例为 α,$1 \geqslant \alpha \geqslant 0$,资产证券化可以获得的收益为 $(1-\alpha)\bar{L}$。银行对筛选借款人的努力表示为 e,银行的努力决定了贷款组合中借款人的实际违约率 $\pi(e)$,且随着银行努力的增加,能够将较差的借款人筛除,从而降低贷款组合的违约率,表示为 $\pi'(e)<0$。贷款未违约时,能够获得现金流 L,当贷款违约时,能够获得现金流 l,且 $0 \leqslant l < L$。对于自留在表内的贷款,银行需要计提的监管资本为 $K(\pi)$,且有 $K'(\pi)>0$。银行对借款人筛选所花费的成本则为付出努力的函数,表示为 $C(e)$,随着努力的增加,成本也会增加,即 $C'(e)>0$。可以得出,银行资产证券化后的利润表达式如式(4-4)所示。

$$profit = (1-\alpha)\bar{L} + \frac{1}{R_f}\alpha[\pi(e)l + (1-\pi(e))L] - \alpha K(\pi(e)) - c(e)$$

(4-4)

对式(4-4)关于变量 e 求一阶导数,则有式(4-5):

$$\frac{1}{R_f}\alpha[\pi'(e)(l-L)] - \alpha K'(\pi)\pi'(e) - c'(e) \qquad (4-5)$$

从式(4-5)中不难看出,无法判断银行在这种条件下的利润曲线的形态[1],即随着银行努力的增加或减少,并不能判断银行利润是否会随之增加或减少。进一步讲,银行是否选择放松证券化贷款的借款人筛选,不仅仅取决于筛选成本的形态(筛选成本边际效率),更取决于违约率对银行努力的形态,即银行对借款人筛选的边际效率,还有银行在资产证券化中资产自留的比例,都是决定银行行为的重要因素[2]。也就是说,银行在资产证券化中,是否存在引发道德风险的行为是无法定论的,需要考虑多方面因素进行分析。

---

[1] 可知 $K'(\pi)>0$,$\pi'(e)<0$,$l-L<0$,$1 \geqslant \alpha \geqslant 0$,有 $\alpha[\pi'(e)(l-L)] \geqslant 0$,$K'(\pi)\pi'(e)<0$,$c'(e)>0$,因而无法判断式(4-5)是否大于0。

[2] 依据契约理论中激励相容机制的原理,可以发现,只有当式(4-5)大于等于0时,才能给予银行足够的激励,为借款人筛选付出努力。当监管资本计提中 LGD 与 EAD 为常量时,$K(\pi)$ 的形态就取决于 $\pi(e)$,因而,在决定激励相容条件中,影响因素可视为 $\pi'(e)$、α 和 $c'(e)$。

根据上述简单的举例分析可以发现，资产证券化中的发起人，有较强的动机选择将质量较差的贷款资产进行证券化出售，造成逆向选择问题；但发起人是否会选择放松对借款人的筛选管理并不明确，这种行为的动机取决于发起人的筛选成本、风险资产自留比例和贷款筛选的边际效率。特别应该注意到，无论是逆向选择还是道德风险问题，贷款违约率都是解释发起人行为动机的重要因素。由此可以推论，贷款违约率可以成为观测发起人行为的重要指标，对发现和解释资产证券化带来的逆向选择和道德风险问题具有重要意义。

4.3.2 发起人行为衡量与不良贷款率

根据前文的分析，可以发现，研究资产证券化中的逆向选择与道德风险问题，分析发起人行为至关重要，这也就决定了观测和衡量发起人行为的必要性。但是，在实际的研究分析中，却很难对发起人行为进行衡量。这种困难主要来自三个方面，即在发起人信息中存在的信息不对称、资产证券化设计的复杂性和宏观经济的影响。

虽然在资产证券化过程中，对发起人的信息进行了一定程度的披露，但通常并不足以进行发起人行为分析（即使发起人是上市公司）。例如，在道德风险问题的分析中，要得到借款人筛选成本与银行付出努力之间的关系，就需要获知详细贷款成本信息，并且能够对银行行为与贷款筛选成本进行测算，这无疑提升了信息获取的成本；类似地，要获得较为准确的贷款筛选的边际效率，需要对贷款进行详细的分析与测算。这些信息获取的成本非常高昂，在实践中的操作性也很差。因此，从获取直接信息的角度来讲，衡量发起人行为非常困难，也不够实际。

资产证券化设计的复杂性，也为分析发起人行为带来了干扰。由于在实际环境中，发起人的行为动机构成往往更为复杂，资产证券化设计本身也会影响发起人对行为的选择。例如，为了增强发起人信誉，帮助其能够反复进入市场出售贷款资产，发起人可能会提供隐性追索权。这种做法虽然为监管当局所禁止，但其在资产证券化市场中并不鲜见。提供隐性追索权，事实上是发起人对投资者发出有关基础资产质量的积极信号，用于应对可能存在的逆向选择和道德风险问题。类似这种特殊设计结构，存在于资产证券化交易结构设计中，并且随着每笔资产支持证券的不同而各具特色，这就大大增加了研究的复杂性，对衡量发起人行为造成了巨大困难。

资产证券化的发起人，作为独立的经济主体，必然会受到宏观经济的影响。因此，要衡量发起人行为，必须考虑宏观经济因素。根据上文的分析，贷款违约率是能够影响发起人行为的重要因素。但需要注意的是，上文的简单分析是处于静态的分析，并未考虑发起人作为整体的风险状况，特别是没有体现宏观经济因素可能对发起人行为带来的影响。这种情况可能带来的问题是，在对发起人行为衡量的过程中，很可能会将宏观因素导致的现象错误地划归为发起人行为引发的问题。特别是在金融危机的极端情况下，将宏观因素引发的资产支持证券大面积违约、市场流动性枯竭，完全归咎于发起人行为引发的逆向选择与道德风险，显然是不合理的。

为应对上述三个方面的困难，本文研究最终选择使用发起人（银行）不良贷款率作为衡量和分析发起人行为的指标。

不良贷款率是指一定时期内，银行不良贷款余额与全部贷款余额的比率，不良贷款率可以说明银行贷款质量的恶化程度。其中，不良贷款是次级类、可疑类、损失类贷款的总称，次级类贷款指借款人的还款能力出现了明显的问题，依靠其正常经营收入已无法保证足额偿还本息；可疑类贷款指借款人无法足额偿还本息，即使执行抵押或担保，也肯定要造成一部分损失；损失类贷款指在采取所有可能的措施和一切必要的法律程序后，本息仍然无法收回，或只能收回极少部分。根据各类贷款的主要特征可以发现，贷款分类关注的核心是借款人的偿付能力，既体现了贷款事后风险（已出现无法足额偿还本息的情况），又体现了贷款事前风险（在事前通过借款人特征表现，预测借款人未来可能无法足额偿还本息）。因此，根据贷款分类结果来计算的不良贷款率，能够体现贷款的事后风险以及一部分事前风险。

与之相较的是贷款的违约率，又称违约概率（Probability of Default, PD），指借款人未来发生违约的可能性，而违约定义通常建立在"支付违约"的基础上。监管准则通常都给出了比较详细的违约定义，即给定一定条件，规定任何一种或两种及以上情况的发生，就可视为违约。违约定义的核心指标有两个，一是"实质性债务逾期"，二是"债务人可能无法全额偿还对银行集团的债务"。不难发现，不良贷款率和贷款违约率都从事前和事后两个角度对贷款风险状况进行了判定与划分，都体现了贷款已发生的损失状况和借款人的还款能力。在资产证券化发起人行为的研究中，从贷款的视角出发，可以采用违约率进行有效的研究，而从发起人主体的视角出发，则可以使用体现银行整体贷款风险水平的不良贷款率替代贷款违约率的使用，进行合理的研究。

不良贷款率作为一种"结果性"指标，可以比较直观地显示出发起人行为所引发的后果，为判断发起人行为提供了一定的依据。使用这种"结果性"指标的好处是，可以综合体现发起人行为的影响，无需仔细地分析、辨别发起人的每一种特殊动机或行为，而是结合需要研究的目标行为特征（是否存在逆向选择和道德风险行为）及其与不良贷款率变动方向的关系，分析不良率的变动结果是否体现这种关系，从而推出发起人是否确实进行了相应的行为选择，这也就弱化了资产证券化设计复杂性本身可能为分析带来的干扰。而这种分析方法的问题在于，从"结果"出发进行推论可能导致归因的"谬误"。因此，在这种分析方法下获得的只能是可能的推断或者证据，对结论的分析还需要结合其他因素进行仔细、合理的讨论。

许多研究表明，银行不良贷款率显然受到宏观因素的影响，因此在度量不良贷款率时，往往需要对相关的宏观经济变量进行控制。如果使用不良贷款率作为分析资产证券化发起人行为的核心指标，则可以首先对宏观经济影响进行控制，从而便于集中观察发起人行为作用在不良贷款率中的体现。此外，不良贷款率历来是体现银行机构信用风险状况的重要指标。会计准则、监管制度均要求银行定期对不良贷款率进行公开披露，因此，使用不良贷款率进行研究，信息获取方便，可操作性强。

4.3.3　逆向选择与道德风险衡量

上文分析提出，从发起人视角出发，可以使用不良贷款率对发起人行为进行衡量与分析。由此推论，研究资产证券化中的逆向选择与道德风险问题，也可以采用不良贷款率主要核心指标，分析发起人在这些问题中的行为与发起人不良贷款率之间的关系。

逆向选择的问题来自发起人总是选择将质量较差的贷款资产进行证券化出售。根据资产证券化设计的本质结构可以知道，发起人对贷款资产进行真实出售，并通过特殊目的机制实现破产隔离。理论上而言，被证券化的贷款资产从发起人的资产负债表移除，成为表外项目，其贷款违约、质量信息也不会被包含在发起人不良贷款率的计算中。如果发起人总是将质量较差的贷款资产出售，质量较好的贷款资产留在表内，资产证券化过程对于发起人而言就是剥离不良资产的过程，能够降低发起人的不良贷款率。

道德风险的问题来源于发起人在能够将贷款资产证券化出售的条件下，会选择放松对借款人的筛选以降低筛选成本。如果在资产证券化过程中，发起人无需自留风险，或发起人在筛选借款人之前就能预判是否可将贷款进行证券化出售，从而选择采取有区别的筛选标准，即降低可证券化贷款的筛选标准以降低成本，保证不可证券化贷款的筛选严格性以降低表内风险。这些行为就不会对发起人的不良贷款率带来显著的影响①。但是，当研究视角主要基于银行时，上述的这种情况就很难出现了。首先，银行面临着更为严格的金融监管，一般很难做到将全部贷款资产进行证券化出售；其次，银行对贷款风险的管理需要遵循各种监管规定，很难做到对同类客户选用不同的筛选标准。可以假设，在发起人选择降低对能够证券化的贷款的借款人的筛选标准时，这种标准同样会适用于未进行证券化的贷款。因此，当存在道德风险时，发起人的不良贷款率会上升。

在研究中，如果随着发起人证券化贷款数量（代表发起人总体行为）的增加，不良贷款率呈现下降趋势，说明很可能存在逆向选择；如果随着

---

① 事实上，这种情况在资产证券化市场中是确实存在的。例如，美国的 GSEs 在购买住房抵押贷款时，往往以特定的 FICO 评分作为证券化门槛，这就使住房抵押贷款公司只注重借款人的 FICO 评分，却放弃了对其他软信息的搜集，存在比较明显的道德风险问题。相关研究可参考 Keys 等（2010）。

证券化贷款数量的增加，不良贷款率呈现上升趋势，说明很可能存在道德风险。但需要注意的是，在实际的分析中，不良贷款率变动本身并不能完全区分逆向选择与道德风险的影响，这两者很可能同时在发挥作用。因此，当证券化贷款数量与不良贷款率呈现负向或正向相关性时，可以说是逆向选择或道德风险在发挥主流作用。

4.4 实证方法

4.4.1 研究思路

在探讨资产证券化中是否存在逆向选择的问题时，不少研究主要通过对贷款表现分析来判断逆向选择是否存在。其主要特征为采用大量贷款层面的数据（Loan–level Data），对证券化与非证券化贷款表现进行比对，当非证券化贷款表现优于证券化贷款表现时，则判断逆向选择存在。其中，较多的研究针对贷款质量进行了检验（Agarwal，2012；Benmelech 等，2012；Elul，2009；Albertazzi 等，2011），直接对比证券化与非证券化贷款的质量优劣（如违约概率）；也有研究对比了证券化与非证券化贷款价值的高低，将"柠檬利差"作为逆向选择存在的证据（An 等，2011；Downing 等，2009）。而对于道德风险的实证研究则更为复杂，Keys 等（2010）的研究是目前最具代表性的研究。Keys 等（2010）同样采用贷款层面数据，使用断点回归的技术，对不同筛选标准下的贷款表现进行观察，从而解释住房抵押贷款发起人存在的道德风险问题。采用贷款表现来衡量逆向选择和道德风险的方法，其优点在于能够采用大量的数据进行细致的研究，但这种方法的缺点也较为明显。第一，由于不同的证券化产品存在着显著差异，不同的产品设计特征使相应的研究结论也不尽相同，如对 MBS 和 CLO 的研究可能获得完全相反的结论；第二，在对大量贷款层面数据进行细致分析的同时，难以兼顾宏观因素对贷款本身的影响，使在不同的宏观背景下的结论也出现差异，如相同的问题在不同的国家或地区环境中，可能出现不同的结论；第三，贷款层面数据的获得相对困难，往往难以获得完整、全面的数据样本，除了GSEs提供部分家庭个人贷款信息之外，更多的信息是非公开的，获取非常困难。由于这些问题的存在，不仅使研究结论存在差异，大量贷款层面数据的细致分析会带来较高成本和较低的效率，可能不利于在实践中的应用与参考。

有研究通过分析借款人表现，即分析证券化贷款借款人的表现是否低于其他借款人，以此来判断逆向选择和道德风险是否存在（Berndt 和 Gupta，2009）。这种方法采用公开的财务数据，保证了数据样本的准确、完整；对借款人进行财务分析，一定程度上能够减弱信贷周期、次贷危机、证券化产品特性等因素对结果的影响，可以获得一个相对稳定的结论。但是，这种研究方法也存在最为致命的问题：难以辨别究竟是逆向选择还是道德风险导致了结果的出现。当实证发现证券化贷款借款人的企业价值损失高出其他借款人时，可能是因为银行选择证券化较差借款人的贷款（逆向选择），也可能是银行由于放松了筛选标准而给较差借款人提供了贷款（道德风险）。

参考现有实证研究经验，本研究选择使用银行层面数据，针对银行资产证券化行为对银行不良贷款率的影响进行检验，以此来判断资产证券化中是否存在逆向选择和道德风险。使用这样的衡量方式，原因主要有三个方面：第一，选择银行视角作为研究的切入点，可以更有针对性地对问题本身展开讨论。资产证券化中是否存在逆向选择和道德风险问题，实质是讨论有关银行在资产证券化过程中行为表现的问题，无需根据证券化设计的差异对证券化的贷款进行细分，因而其结果也就能够相对更为稳定。第二，使用银行不良贷款率作为核心分析指标，有助于获得更为直观的实证结果，对政策应对更具有参考价值。由于在对不良贷款率估计中，控制了宏观变量对不良率的影响，因而一定程度上消除了不良率本身具有的周期性。第三，采用银行层面数据，提升了数据的可获得性与可信度，增加了应用的可操作性。由于银行面对更为严格的信息披露标准，其长期的公开数据相对更容易获得且可信度较高。特别对于我国这样的新兴资产证券化市场来说，在短期内获得大量的证券化贷款层面数据或借款企业数据非常困难，银行层面数据很可能是可供未来实证研究的主要数据来源。因此，采用美国银行层面数据展开分析的方法，可能为未来我国资产证券化问题的研究提供一定的借鉴。

实证研究从作为发起人的银行视角出发，以银行不良贷款率和银行资产证券化规模为分析核心，并考虑宏观经济变量影响，进行模型构建与回归分析，寻找不良贷款率与资产证券化规模之间的显著关系，以此为依据，对银行在资产证券化中是否存在逆向选择与道德风险进行分析。

4.4.2 GMM 模型构建

大量的理论与实证文章表明，银行贷款质量与宏观经济环境相关。Carey（1998）指出，"经济状况是影响多样化债务组合损失率的最为重要的单一系统性因素"[1]。因此，在讨论不良贷款率的决定因素时，不应回避宏观经济因素的讨论。此外，许多研究也表明，银行的行为，特别是改善效率或提升风险管理的"努力"（Effort）因素，同样影响着不良贷款率。结合研究需要，本研究选择参考 Louzis 等（2012）对不良贷款率的研究方法，采用"有约束的"（Restricted）广义矩估计（GMM）过程（Judson 和 Owen，1999），将宏观经济指标作为前定变量，使用有限个滞后回归因子作为工具变量，进而加入资产证券化指标以检验其对不良贷款率额外的解释能力。

本研究参考 Louzis 等（2012）的方法建立动态面板数据模型，以说明不良贷款率结构中存在的时间持续性。依据现有动态面板数据研究，一般动态面板数据模型可以写为以下形式：

$$y_{it} = \alpha y_{it-1} + \beta X_{it} + \eta_i + \varepsilon_{it}, |\alpha| < 1, i = 1, \cdots, N, t = 1, \cdots, T \quad (4-6)$$

其中，i 和 t 分别表示面板样本的横截面与时间维度，y_{it} 表示银行 i 在 t

---

[1] 原文为 "the state of the economy is the single most important systematic factor influencing diversified debt portfolio loss rates"，原文出自 Carey（1998），1382 页。

时刻的不良贷款率的变化率，y_{it-1} 表示 y_{it} 的一阶滞后项，X_{it} 表示 y_{it-1} 以外的解释变量集合，η_i 表示银行 i 存在的个体效应，ε_{it} 表示误差项。为消除与时间无关的个体效应，对式（4-6）采用一阶差分，则有：

$$\Delta y_{it} = \alpha \Delta y_{it-1} + \beta \Delta X_{it} + \Delta \varepsilon_{it} \qquad (4-7)$$

为保证差分 GMM 的一致估计，本研究采用 $\{y_{it-s}\}$ 作为工具变量，并进行检验，确保扰动项一阶差分不存在二阶或更高阶自相关，即满足：

$$E[y_{it-s} \Delta \varepsilon_{it}] = 0 \quad t = 3, \cdots, T \quad s \geq 2 \qquad (4-8)$$

为确保不存在过度识别问题，本研究还对所有变量整体进行了 Sargan 检验。

在进一步对模型的细化中，本研究参考 Louzis 等（2012）的做法，选取了 3 个宏观经济指标和 1 个资产证券化指标，建立了以下模型：

$$\Delta NPL_{it}^h = \alpha \Delta NPL_{it-1}^h + \sum_{j=0}^{1} \beta_{1j}^h \Delta GDP_{t-j} + \sum_{j=0}^{1} \beta_{2j}^h \Delta UN_{t-j} + \sum_{j=0}^{1} \beta_{3j}^h \Delta INR_{t-j}$$

$$+ \sum_{j=0}^{4} \beta_{4j}^h \Delta SEC_{it-j}^h + \eta_i^h + \varepsilon_{it}^h \quad \text{其中} |\alpha| < 1, i = 1, \cdots, N, t = 1, \cdots, T$$

$$(4-9)$$

在式（4-9）中，h 表示不良贷款率的种类（分为大型、中型、小型银行不良贷款率三类），ΔNPL_{it}^h 表示 h 类银行 i 在 t 时刻的不良贷款率的变动率，ΔGDP_t 表示在 t 时刻美国的实际 GDP 增长率，ΔUN_t 表示在 t 时刻美国失业率的变动率，ΔINR_t 表示在 t 时刻美国货币市场利率的变动率，ΔSEC_{it}^h 则表示 h 类银行 i 在 t 时刻的证券化资产总额的增长率。对于银行特定的因素 ΔSEC_{it}^h，本研究对其采用了 4 阶滞后，以捕捉这一变量在一定时期内的动态表现（Berger 和 DeYoung，1997）。一般情况下，证券化贷款的质量信息较少在当期显现，而是需要经过一段时期，才会随着一部分贷款的违约而显现出来。因此，在观测银行在资产证券化中的行为对不良贷款率的影响时，需要考虑不良贷款率的滞后因素，采用滞后的回归因子来进行检验是较为合理的选择。

4.4.3 数据描述

本研究使用数据来自 Bankscope 数据库[①]，从美国 6428 家商业银行中选取了提供有效的不良贷款率数据，且表外证券化资产总额不为 0 的 1366 家银行。本研究选取了 1366 家银行 2011 年第二季度至 2015 年第一季度的季度财务数据作为数据样本，并依据银行平均总资产将银行划分为大型、中型、小型三类。其中，总资产在 30 亿美元以上的银行为大型银行（135 家），总资产在 10 亿美元至 30 亿美元的银行为中型银行（164 家），总资产在 10 亿美元以下的银行为小型银行（1067 家）。表 4-1 为三类银行不良贷款率数据样本的描述统计。从 Jarque - Bera 检验结果可以明确得出，各类银行的不良贷款率数据样本并不服从正态分布。

表 4-1　　　　　　　　不良贷款率描述统计

	大型银行	中型银行	小型银行
Observations	2160	2624	17072
Mean	2.521	2.774	2.879
Median	2.000	1.820	1.990
Maximum	17.420	43.100	27.440
Minimum	0.000	0.000	0.000
St. dev	2.062	3.126	3.031
Skewness	1.968	4.179	2.352
Kurtosis	8.156	34.255	10.998
JB test	3785.971	114442.484	61241.293
p - value	0.000	0.000	0.000

注：JB test 表示 Jarque - Bera 正态性检验，p - value 即为 JB test 的 P 值。

不良贷款率指标（NPL）指银行在财务信息中披露的当期不良贷款余

[①] Bankscope 是欧洲金融信息服务商 Bureau van Dijk（BvD）与银行业权威评级机构 Fitch Ratings（惠誉）合作开发的银行业信息库。它详细提供了全球 32000 多家主要银行及世界重要金融机构与组织的经营与信用分析数据。

额与总贷款余额的比例，资产证券化指标（SEC）指银行当期表外证券化资产总额，宏观经济指标则采用 EIU Countrydata 数据库①中的美国实际 GDP（Real GDP）、失业率（Recorded Unemployment）、货币市场利率（Money Market Interest Rate）。本研究对各个指标的原始数据进行了分析，使用各个指标的日变动率（%）作为回归变量，其描述统计如表 4-2 所示。

表 4-2　　　　　　　　估计变量描述统计

变量	大型银行		中型银行		小型银行	
	Mean	Std. Dev.	Mean	Std. Dev.	Mean	Std. Dev.
ΔNPL_t	-2.957	45.305	-1.106	44.0996	6.562	139.989
ΔSEC_t	108.064	2418.202	72.618	2247.088	96.261	3624.993
ΔGDP_t	0.556	0.483	0.556	0.483	0.556	0.483
ΔUN_t	-1.489	13.291	-1.489	13.291	-1.489	13.291
ΔINR_t	-3.184	1.732	-3.184	1.732	-3.184	1.732

4.5　实证结果与稳健性检验

4.5.1　实证结果

GMM 估计结果表明（如表 4-3 所示），银行证券化资产总额的变动率（以下简称证券化变量）与不良贷款率变动率（以下简称不良贷款变

---

① EIU Countrydata 是全面获取全球各国宏观数据的分析工具，提供了全球两百多个国家和地区的宏观经济历史与预测数据，每个国家 320 个指标系列，含年度、季度、月度数值，数值从 1980 年到 2035 年。

量）存在着显著的相关性，且在不同资产规模的银行中，这种相关性的表现也有所不同。

对于大型银行而言，不良贷款变量与一阶和四阶证券化变量呈现显著的正向相关性，表明银行不良贷款率会随着证券化规模的扩大而增加，说明大型银行很可能在资产证券化条件下，放松了对借款人的筛选标准，即存在道德风险问题，但银行是否选择将质量较差（不良贷款率较高）的进行证券化，则不能获得相关证明。由于大型银行往往享有更高的声誉，因此更容易在资产证券化市场出售贷款资产。在银行总是能够较为容易地将贷款出售的情况下，银行即使一定程度上放松对借款人的筛选，也可能不会影响到贷款通过证券化出售，从而驱使银行通过放松对借款人筛选来降低成本，产生道德风险。此外，由于大型银行一般有较为完整、标准化的借款人筛选流程体系，且借款人的类型比较分散，这就使违约率曲线表现出较为平缓的态势，也就是说，银行额外的筛选努力所能降低的贷款违约率有限①，相较而言，银行很可能更倾向于通过减少筛选努力而降低筛选成本，从而产生道德风险。而大型银行享有的较高声誉，也使其在证券化过程中有更强的议价能力，使所面临的贷款出售折价问题相对较轻，因而无需采用出售低质贷款的方式应对"柠檬利差"；同时，由于大型银行往往信息更加透明，相较中小银行采用更为严格的信息披露标准（如采用更为严格的监管标准、上市公司信息披露），大型银行可能难以利用信息优势将质量较差的贷款进行证券化。因此，逆向选择问题在大型银行中的表现并不显著。

与大型银行不同，对于中小型银行，不良贷款变量与证券化变量呈现显著的负向相关，表明中小型银行的不良贷款率会随着证券化规模的扩大而降低，这表明，银行很可能通过证券化剥离了部分低质贷款，从而优化了银行整体的不良贷款率。与大型银行相比，中小型银行更可能占有较多的私人信息（Private Information），特别是中小银行中大量的关系贷款，

---

① 根据4.3.1的论述，可知银行利润表达式一阶条件中，当 $\pi'(e)$ 更大，即违约率曲线更平缓时，一阶条件会更倾向于小于0。当一阶条件小于0时，随着银行努力的增加，银行利润反而会减小，因此，银行会总是选择减少努力，即放松对借款人的筛选，从而产生道德风险。

使银行享有更多的"软信息"（Soft Information），而且正是"软信息"可以更为真实地反映贷款的质量。因此，中小银行可以利用信息优势，将符合一定"硬信息"（Hard Information）标准，但实际质量较差的贷款进行证券化，从而实现将低质贷款资产从表内剥离。此外，由于中小型银行并不享有大型银行的高声誉，其议价能力也有限，所面临的贷款出售折价问题可能更严重，迫使中小型银行选择出售低质贷款。特别是，由于小型银行自身实力的局限，为了保证能够重复进入证券化市场，小型银行需要保证贷款质量以获得一定的市场声誉。因此，小型银行的不良贷款变量仅同一阶证券化变量呈现显著负相关，中型银行的不良贷款变量同一阶至四阶证券化变量均呈现显著的负相关。

也正是由于中小型银行存在的大量关系贷款，而关系贷款的违约率更多地决定于借款人的"软信息"，因而银行在借款人筛选中付出的额外努力，会更多地降低贷款违约率，即中小银行的违约率曲线呈现更为陡峭的态势。在这种情况下，银行通过降低筛选所能节约的筛选成本，并不足以弥补留在表内的贷款资产由于违约率升高而可能带来的损失。此外，由于中小型银行存在的声誉问题，也使其并不能像大型银行那样，能够在借款人筛选阶段就预判是否能进行证券化，从而选择是否放松筛选标准。因此，道德风险的问题在中小型银行中表现得并不显著。

其他变量的估计结果则与研究的预期基本保持一致。不良贷款变量的一阶滞后项与不良贷款变量呈现显著的负相关，由于前一期坏账冲销处理，会使当期不良贷款率降低。大型银行的不良贷款变量与失业率、货币市场利率呈现显著的正相关，说明营业范围更广、客户类型更丰富的大型银行更容易受到来自宏观经济环境的影响，失业率和货币市场利率的升高，都会引起贷款质量的降低。而对于中小型银行，由于其具有很强的地域性，拥有大量关系贷款，因而对宏观经济要素的变化并不敏感，因而与各类宏观经济变量的关系并不显著[①]。

---

① 小型银行与失业率存在显著正相关，可能的解释为，小型银行拥有较多个人客户，失业率会影响个人客户的偿付能力，因而导致银行不良贷款率上升。

表 4-3 GMM 估计结果

	大型银行	中型银行	小型银行
ΔNPL_{it-1}^{h}	-0.1092*** (-9.54)	-0.1522* (-1.82)	-0.0138*** (2.58)
ΔSEC_{it-1}^{h}	0.00058** (2.53)	-0.00034*** (-6.70)	-0.00013** (-2.06)
ΔSEC_{it-2}^{h}	0.00038 (0.90)	-0.00035*** (-4.67)	0.00014 (1.20)
ΔSEC_{it-3}^{h}	0.00038 (1.37)	-0.00033*** (-20.08)	-0.00002 (-0.24)
ΔSEC_{it-4}^{h}	0.00051* (1.64)	-0.00049*** (-7.07)	0.00002 (0.45)
ΔGDP_{t}	-0.7435 (-0.56)	-0.6623 (-0.49)	1.4697 (0.72)
ΔGDP_{t-1}	-1.4640 (-1.62)	-0.4559 (-0.39)	-0.8361 (-0.44)
ΔUN_{t}	0.1317** (2.08)	0.0619 (0.72)	-0.1631 (-1.15)
ΔUN_{t-1}	-0.0276 (-0.67)	-0.0293 (-0.39)	0.1868* (1.74)
ΔINR_{t}	1.0018*** (3.53)	0.2777 (0.65)	-0.7484 (-1.16)
ΔINR_{t-1}	0.4267 (1.31)	-0.3135 (-0.83)	-0.4266 (-0.57)
Constant	0.6329 (0.22)	-3.7179 (-1.16)	-1.4475 (-0.29)
Sargan test	37.1668 [0.283]	42.0901 [0.133]	26.9931 [0.760]

注：t 统计量标注在每个估计系数下方的圆括号中，Sargan 检验的 P 值标注在统计量下方的方括号中。***表示1%置信水平显著，**表示5%置信水平显著，*表示10%置信水平显著。

4.5.2 稳健性检验

在分析过程中,本研究还采用 Arellano – Bond 检验对扰动项一阶差分是否存在二阶、三阶自相关进行了检验(陈强,2010),检验结果(见表4 – 4)表明,扰动项一阶差分均不存在二阶、三阶自相关,接受原假设"扰动项不存在自相关",可以使用差分 GMM 进行估计。此外,所有变量整体均通过了 Sargan 检验(见表4 – 3),表明不存在过度识别。

表4 – 4　Arellano – Bond 扰动项一阶差分自相关检验结果

序号	大型银行	中型银行	小型银行
1	– 1.145 [0.252]	– 2.460 [0.014]	– 3.064 [0.002]
2	– 1.064 [0.287]	0.6413 [0.521]	0.013 [0.990]
3	0.613 [0.540]	– 0.954 [0.340]	– 0.601 [0.548]
H_0:扰动项不存在自相关			

注:检验的 P 值标注在统计量下方的方括号内。

本研究采用 30 亿美元、10 亿美元作为三种银行的划分标准,如果改变划分标准,是否会影响估计结果?为验证这一问题,本研究采用新的标准对银行规模进行了划分。总资产在 20 亿美元以上的银行为大型银行(176 家),总资产在 20 亿美元至 5 亿美元的银行为中型银行(347 家),总资产在 5 亿美元以下的银行为小型银行(843 家)。GMM 估计结果(见表4 – 5)表明,重新划分银行规模的估计结果基本与前文保持一致,大型银行的不良贷款变量与证券化变量呈现显著正相关,中型银行不良贷款变量与证券化变量呈现显著负相关,大型银行不良贷款变量与宏观经济变量呈现显著相关性,中小银行则基本无显著关系。

表 4-5　　　　重新划分银行规模的 GMM 估计结果

	大型银行 （大于 \$ 2B）	中型银行 （\$ 2B - \$ 500M）	小型银行 （小于 \$ 500M）
ΔNPL_{it-1}^h	-0.1070*** (-10.37)	-0.1006*** (-4.34)	-0.0113* (-1.88)
ΔSEC_{it-1}^h	0.00026 (1.00)	-0.00025*** (-13.94)	-0.00013 (-1.44)
ΔSEC_{it-2}^h	0.00031 (1.49)	-0.00023*** (-7.46)	0.00012 (1.09)
ΔSEC_{it-3}^h	0.00023 (1.36)	5.74e-06 (-0.07)	-0.00014 (-1.44)
ΔSEC_{it-4}^h	0.00042** (2.69)	-0.00006 (-0.90)	-0.00004 (-0.35)
ΔGDP_t	-0.8365 (-0.87)	-0.6551 (-0.59)	0.0769 (0.04)
ΔGDP_{t-1}	-1.5356** (-1.98)	-1.2964 (-1.28)	-1.6448 (-0.64)
ΔUN_t	0.1359*** (2.55)	0.0032 (0.04)	-0.0381 (-0.28)
ΔUN_{t-1}	-0.0404 (-1.16)	0.0129 (0.22)	0.1023 (1.03)
ΔINR_t	0.8782*** (3.34)	0.1860 (0.57)	0.1023 (-0.96)
ΔINR_{t-1}	0.4643* (1.68)	-0.3383 (-1.05)	0.2926 (0.44)
Constant	0.1090 (0.05)	-2.2605 (-0.86)	2.5883 (0.59)
Sargan test	43.1021 [0.112]	34.2052 [0.410]	231.3493 [0.549]

注：t 统计量标注在每个估计系数下方的圆括号中，Sargan 检验的 P 值标注在统计量下方的方括号中。＊＊＊表示1%置信水平显著，＊＊表示5%置信水平显著，＊表示10%置信水平显著。

4.6　结论与政策建议

本章主要对资产证券化中的信息不对称问题进行了理论分析与实证检验。本研究主要从资产证券化中的发起人视角出发，对发起人行为可能引发的逆向选择和道德风险问题进行了分析与验证。

在理论分析部分，通过举例说明的方法，对发起人选择对较低质量贷款进行证券化出售、在证券化条件下降低对借款人的筛选管理的行为进行了讨论。研究发现，在信息不对称的条件下，发起人在资产证券化过程中，总是有动机通过将低质量贷款证券化出表、保留高质量贷款在表内的方法来实现利益最大化。而发起人是否会选择降低对借款人的筛选标准，则不仅仅取决于筛选成本的因素，发起人对贷款资产的自留比例，以及发起人贷款违约率的形态（贷款筛选边际效率），都会影响发起人的行为决策。发起人的不良贷款率，作为一种公开的、"结果性"的信息，可以作为间接衡量发起人行为的指标，通过观测不良贷款率的变动，可以分析其中发起人行为所带来的影响。当发行人的资产证券化行为增加时，如果不良贷款率随之减少，可以认为是发起人通过资产证券化将低质量贷款进行剥离，即出现逆向选择；如果不良贷款率随之增加，则可以认为是发起人由于降低了借款人的筛选标准，而增加了整体贷款的风险，即出现道德风险。需要注意的是，逆向选择与道德风险可能同时出现，对不良贷款率的影响也是混合的影响，因而当发起人资产证券化行为与不良贷款率呈现正向或者负向关系时，可以认为是道德风险或逆向选择在发挥主流作用。

在实证检验的部分，本研究主要使用2011年第二季度至2015年第一季度美国商业银行层面数据，控制相应的宏观变量，分别对不同规模的银行不良贷款率与证券化资产总额之间的关系进行了差分GMM估计。估计结果表明，大型银行不良贷款率与证券化资产总额呈现显著的正相关，说明其很可能在资产证券化的条件下降低了借款人筛选标准，但不能证明其在证券化中选择低质贷款出售；中型银行不良贷款率与证券化资产总额呈现显著的负相关，在一定时期内随着证券化资产的增加，不良贷款率会下降，说明银行通过证券化剥离了表内一部分低质贷款，证明了逆向选择的存在；小型银行不良贷款率与证券化资产总额呈现显著的负相关，但与中型银行相比，这种相关性并不会持续较长时间，说明小型银行在资产证券化过程中会选择低质贷款出售，但其对不良贷款率的影响有限。而这种结果的出现，很可能与不同规模银行的声誉，以及贷款筛选效率（贷款违约率曲线的形态）有关。大型银行在有高声誉、低贷款筛选效率（平缓违约率曲线）的情况下，更容易出现道德风险问题；中小型银行在较低声誉、较高待选筛选效率的条件下，则更容易出现逆向选择问题。

不难看出，逆向选择和道德风险的影响并不是显著地出现在所有银行的资产证券化过程中。因此，在监管过程中，需要对不同规模的银行采取有重点、有区别的措施。

对于大型银行，需要关注其在资产证券化中的行为动机，特别需要保证大型银行在对贷款资产进行证券化出售的过程中，自留足够比例的贷款资产，以减弱道德风险发生的可能；对于大型银行的不良贷款率的变动，需要进行审慎的观察与分析，尽可能从整体的视角对影响其不良贷款率的因素进行考量，避免其通过其他途径操纵不良率，掩盖其行为引发道德风险的情况；此外，对大型银行有关的资产证券化活动给予特别的关注，特别注意防止资产证券化中的发行人（Issuer）或托管人（Trustee）业务竞争中为了争取"高声誉"的大型银行业务，给予大型银行过多的"便利"与"信任"，从而引发道德风险或逆向选择问题。

对于中小型银行，则应适当地考虑加强监管，提升信息披露标准，增强其在资产证券化过程中的信息透明度。但与此同时，还需要考虑到信息披露标准的提升，很可能会增加中小银行进行资产证券化的成本；特别是小型银行，其在资产证券化中的逆向选择问题并不如中型银行严重，过高的信息披露成本可能会为小型银行带来额外的负担，损害其正常进行资产证券化的积极性。此外，由于不良贷款率和证券化资产总额存在着显著的相关性，就为银行操纵不良贷款率创造了条件，可能导致不良贷款率难以反映银行真实的风险状况。例如，当资产证券化中存在隐性追索权时，会使银行的实际风险水平高于不良贷款率水平。因此，就对银行整体的风险监管而言，需要积极关注银行进行的资产证券化行为，分析其中可能存在的逆向选择与道德风险问题，防止风险在资产证券化的掩盖下不断累积，最终引发系统性风险。

此外，在条件适宜的情况下，监管当局可以参考不良贷款率，建立合理的资产证券化监管指标，观测资产证券化市场，特别是发起人行为的风险状况，并能根据逆向选择和道德风险问题的严重程度，及时调整应对策略，预防危机的爆发。

5
次贷危机中的资产证券化信息不对称问题

5.1 引言

2007年次贷危机爆发以来，资产证券化市场发生了巨大的变化。在次贷危机发生初期，大量的资产支持证券化违约，长期在资产证券化过程中积累的问题集中暴露了出来，整个市场对资产证券化的信心急转直下，导致市场迅速缩水。随着政府救市措施的投入和市场逐渐回归理性，资产证券化市场的危机有所缓解。但是，资产证券化过程中所产生的问题并未完全解决，从而导致在次贷危机继续深化的过程中，资产证券化市场在经历了短暂的恢复之后，再次陷入低谷。

经历次贷危机的重创之后，资产证券化存在的问题获得了广泛的关注。而这些问题的根本，则来源于金融市场中存在的一个经典问题——信息不对称。根据前面章节的研究可以知道，由于金融市场中信息不对称的存在，一些信息不对称状况较为明显的资产，如贷款资产，在出售的过程中面临着非常严重的折价问题，导致了这些资产的低流动性。资产证券化的特殊设计，能够有效地解决这一问题，但同时也带来了新的信息不对称问题。

首先，在资产证券化的过程中，由于信息不对称的存在（无法获得贷款资产质量信息），无论是发行人还是投资者，甚至是相关的监管者，都对信用评级存在着过度依赖的问题，因而信用评级成为了影响投资者信心最为重要的因素。因而在次贷危机发生时，随着投资者开始质疑信用评级的有效性，他们对资产证券化的投资者信心也随之下跌。其次，资产证券化过程本身也会带来信息不对称问题——由于发起人能够"轻松地"将贷款通过证券化出售，将信用风险出表，因而就有动机放松对借款人的筛选，以减少筛选的成本，即为道德风险；由于发起人在出售贷款的过程中，依然面对可能的折价（如过高的信用增强要求），所以很有可能选择将质量较差的贷款进行证券化出售，即为逆向选择。

在长期增长的房价刺激下，整个市场出现了明显的"非理性繁荣"。在这种背景下，资产证券化中的信息不对称问题愈演愈烈，风险不断积聚，最终引发了影响全球金融稳定、对金融市场造成了巨大损害的次贷危机。在次贷危机中，最先暴露的就是贷款，特别是次级住房抵押贷款的质量问题。大量住房抵押贷款迅速违约，表明在次贷危机前有大量贷款发放给了信用质量较差的借款人，说明贷款发起人在借款人筛选的过程中明显放松了筛选标准，而与这种道德风险问题相对应的是不断攀升的贷款证券化比例。值得庆幸的是，在次贷危机发生后，市场及时地意识到问题所在，发起人迅速提高了贷款筛选标准，市场各主体也对这一问题给予了足够的重视。

另一个在次贷危机中较为突出的问题就是资产证券化信用评级存在的问题，这种问题主要来源于评级过程中存在的利益冲突和评级模型错误，具体表现为评级机构可能为了增加评级业务而给出过高的评级，模型基于历史数据错误地假设宏观经济状况（房价）总是会处于一个上升的水平。在整个市场将评级作为最重要甚至唯一的衡量资产支持证券信用状况的指标时，过高的评级就会掩盖真实的风险状况，误导投资者，最终为整个市场带来危害。在经历了市场的重创之后，资产证券化市场在恢复的过程中几经反复。出现这一现象很重要的原因就是评级问题和投资者信心问题没有得到完全的解决。虽然评级中存在的问题得到了一定程度的解决，但对于投资者而言，对评级的质疑并未完全消失，能够取代评级的更可信的基础资产质量信号并未形成，从而使投资者信心依然难以提升。

此外，许多金融机构在次贷危机前自留或投资于高风险的权益级证券，导致在次贷危机时发生了重大损失，这与理论中存在的逆向选择原理有所不同。这很可能说明了在次贷危机发生前，市场主体的行为已出现一定程度的扭曲。当然，这并不能说明资产证券化中并不存在逆向选择问题。恰恰相反，在次贷危机后，变得更为保守和审慎的发起人，在面对明显缺乏信心和需求的市场时，更有动机将"柠檬贷款"进行证券化出售。

总体而言，次贷危机可以说是次贷危机前累积的信息不对称问题的总爆发。从理论上讲，由于道德风险和投资者信心问题的存在，次贷危机的爆发具有一定的必然性；从实际上讲，由于市场在次贷危机中发生了急剧的变化，受到的影响因素也是多方面的，所以次贷危机中的资产证券化信息不对称问题又具有特殊性与复杂性。本章就是基于前文的理论分析，结合次贷危机前后市场各方的表现，对次贷危机条件下资产证券化中的信息不对称问题进行了分析与讨论。本章主要分为五个部分：第一部分为引言；第二部分为次贷危机中的资产证券化，主要对次贷危机的过程，以及次贷危机中住房抵押贷款市场和资产证券化市场的表现进行简述；第三部分为金融市场信息不对称与资产证券化设计，主要阐述次贷危机中资产证券化市场信息不对称的状况表现，资产证券化信用评级、政府救市行为对投资者信心的影响；第四部分为资产证券化过程中的信息不对称问题，主要讨论次贷危机条件下，资产证券化中的道德风险与逆向选择的产生原因、具体表现和影响效果；第五部分为结论与政策建议。

5.2　次贷危机中的资产证券化

5.2.1　次贷危机回顾

根据 BIS（2009）对 2007 年以来发生的次贷危机的总结报告，可以将次贷危机划分为五个阶段，即危机的序幕、雷曼破产前夕、全球信心丧失、全球经济衰退、经济下行深化。从图 5－1 中不难看出，在次贷危机的第一阶段（2008 年 3 月以前），银行信贷利差[1]（Bank Credit Spreads）呈现显著上升的趋势，说明银行信贷违约风险正在增加；MSCI[2]（Morgan

---

[1]　BIS（2009）采用18个主要的国际银行（包括破产前的雷曼兄弟和被接管前的美林）的加权平均 CDS（Credit Default Spread）利差作为银行信贷利差，来表现银行的信贷状况。CDS 利差越高，表明市场认为相应的贷款违约风险越高。

[2]　MSCI 又称摩根士丹利国际资本指数，是投资界广泛使用的代表资本市场状况的重要参考指标。在 BIS（2009）的分析中采用的是 MSCI 世界股票指数，其涵盖了 23 个发达国家市场中大约 85% 的大型和中型股票，是全球股票的参照指标。

Stanley Capital International Index）并未出现明显的恶化，但资本市场也初步显现出下行的压力；Libor – OIS 利差①则依然保持在较低的水平，但也出现了较为明显的波动，银行体系的流动性风险初现端倪。随着银行信贷利差的持续走高，在第二阶段（2008 年 3 月至 9 月中期），市场中信贷违约风险明显恶化；与此同时，MSCI 也应声下跌，特别是在 2008 年 8 月后，资本市场出现了明显的下行。在第三阶段（2008 年 9 月 15 日至 10 月末），随着雷曼兄弟的破产，次贷危机全面爆发，市场信心受到重大打击，无论是资本市场、银行信贷，还是货币市场的流动性，都出现了剧烈的变化；2008 年 10 月，Libor – OIS 利差和银行信贷利差均出现了峰值，表明市场中的信贷危机和流动性危机迅速蔓延，资产市场表现也严重恶化。在经历了次贷危机重大的打击后，市场在第四阶段（2008 年 11 月至 2009 年 3 月中期）继续下行，银行体系的流动性危机虽有所缓解，但 Libor – OIS 利差并未回归正常水平；银行信贷利差有所下降，但与历史相比依然保留在较高水平，说明市场中的信贷违约风险问题并未完全解决；MSCI 的持续下行，表明全球资产市场依然处于严重的下行过程中。在第五阶段（2009 年 3 月以后），银行体系流动性危机开始解除，资本市场也开始回暖，但次贷危机的影响并未完全过去，市场还存在巨大的下行压力。

  BIS（2009）对次贷危机的划分，参考了次贷危机发生的重要转折点，例如，2008 年 3 月贝尔斯登被摩根大通收购为从第一阶段到第二阶段的转折点，2008 年 9 月 15 日雷曼兄弟破产为第二阶段到第三阶段的转折点，2008 年 10 月至 11 月各国政府开始救市则为又一个转折点。这种划分方法，能够清晰地展现次贷危机各个阶段的表现及其特征，因而也使之成为后来众多相关研究的重要参考依据。与之相对应的是国际货币基金组织（International Monetary Fund，IMF）对次贷危机的梳理与总结，其集中体

---

① Libor – OIS 利差为伦敦同业拆借利率（Libor）与隔夜指数掉期利率（OIS）的差值，BIS（2009）中特指 3 个月的美元 Libor 与 OIS 之间的利差。这一指标通常被视为衡量银行体系健康程度的指标，特别是货币市场的风险与流动性衡量指标。当 Libor – OIS 利差变高时，表明主要银行的出借意愿降低，市场流动性减少。

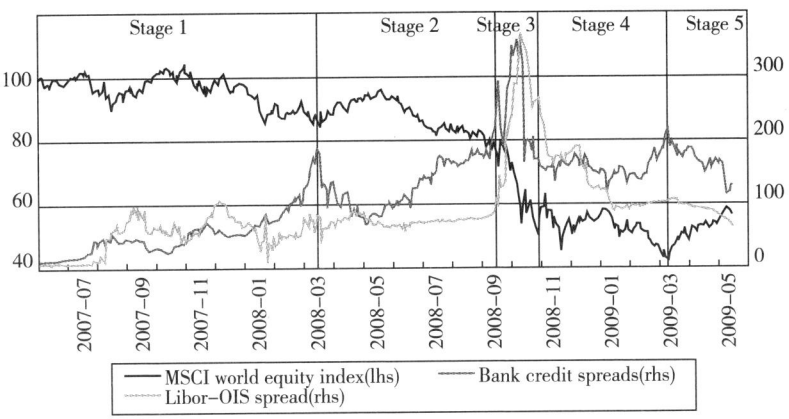

图 5-1 次贷危机的五阶段①

现在 IMF 于 2007 年 4 月至 2009 年 10 月发布的全球金融稳定报告中。

IMF 将影响全球金融稳定的因素划分为两大类，即风险与市场状况。其中，风险包括信用风险（Credit Risks）、宏观经济风险（Macroeconomic Risks）、新兴市场风险（Emerging Market Risks）和市场与流动性风险（Market and Liquidity Risks），市场状况则包括风险胃口（Risk Appetite）和货币与金融（Monetary and Financial）状况②。从图 5-2 可以看出，在次贷危机发生之前，即 2007 年 4 月以前，市场处于较优的状况，投资者风险胃口、货币与金融市场状况均处于较高水平。但是，市场中的风险增加已初露端倪，特别是美国次级抵押贷款市场开始显示出信用质量恶化的迹象，虽然其影响仍然有限，但很有可能会影响到结构化住房抵押贷款信用产品市场，甚至深化和扩展到其他市场。2007 年 4 月，随着美国第二大次级抵押贷款机构新世界金融公司（New Century Financial Corp.）申请破产保护，次贷危机正式拉开序幕，使 2007 年 4 月至 10 月期间，市场的信用风险显著提升，随之而来的是急增的市场风险与流动性风险，市场状况也开始恶化。次贷危机爆发之后，市场的风险迅速增加，市场状况持续

---

① 图来自 BIS（2009）。
② IMF 对每个因素下的多个指标进行了综合考量，从而确定相应的变动趋势，形成雷达图表现整体金融稳定状况，具体指标见附录 3。

恶化，全球市场金融机构的融资能力受到重创，市场出现较长时期的投资者信心危机。随着次贷危机的深化，次贷信用危机蔓延到了优质抵押贷款、商业房地产贷款、公司贷款、消费贷款等其他贷款领域，宏观经济进一步大范围减速，市场风险激增、流动性危机凸显，全球金融体系面临着巨大压力。随着次贷危机的进一步蔓延，各国政府、金融机构采取了各种应对措施，以恢复投资者对金融机构信心，恢复市场的正常状况。在这种情况下，从2009年4月至10月，市场状况开始好转，投资者信心回暖，市场融资状况开始改善；市场的风险开始降低，表明风险的控制有所成效，但是风险水平与次贷危机前相比依然保持在较高水平，说明次贷危机的影响并未结束。

　　IMF的全球金融稳定地图，涵盖了市场状况和风险两个方面，能够比较完整地观测到整个金融市场的稳定状况，有利于更为全面地分析次贷危机状况下的金融市场的变化与特征。特别是对投资者风险胃口的观测，能够清晰地展示整个次贷危机过程中投资者信心的变化，为本文后面有关投资者信心与资产证券化市场危机的分析提供了有力的参考依据。

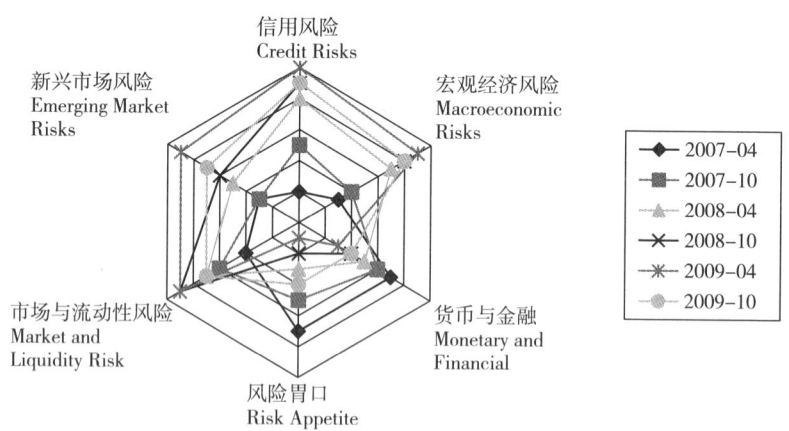

图 5-2　全球金融稳定地图①

---

①　全球金融稳定地图根据 IMF 于 2007 年 4 月至 2009 年 10 月发布的《全球金融稳定报告》的数据进行绘制。

次贷危机发生后，大量的学者、研究机构、业界专家等对次贷危机产生的原因进行了研究与讨论，对次贷危机的根本诱因形成了众多观点。Jickling（2010）对各类次贷危机诱因进行了总结和分析，归纳出多个次贷危机诱因。其中，不谨慎的住房抵押贷款、资产证券化、评级机构是获得较多认同的诱因。不谨慎的住房抵押贷款诱因认为，在信贷充裕、低利率和长期高房价的背景下，促使住房抵押贷款的发放标准放松，导致大量不符合标准的借款人获得贷款，形成大量次贷。一旦房价下跌，不良贷款就大量产生，从而对金融体系造成严重的冲击。资产证券化诱因认为，正是资产证券化构造的发起并分销（Originate to Distribute，OTD）模式，降低了贷款人对借款人进行审慎审核的积极性，并分散了对抵押贷款证券的所有权，从而当次级抵押贷款质量问题显现时，对整体金融市场造成冲击。评级机构诱因则认为，正是评级机构错误的经济模型、评级机构与资产证券化中的投资者的利益冲突和有效监管的缺失，使 AAA 评级被错误地赋予了大量的次级贷款抵押支持证券，次贷危机中大量调低评级，则又造成了市场的恐慌。市场对信用评级的过度依赖，更是将评级中存在的问题延伸到更大的金融市场中，从而引发次贷危机。这些对次贷危机诱因的分析，本质上并不冲突。进一步讲，这些次贷危机诱因基本都来自资产证券化过程，无论是次级住房抵押贷款的筛选问题，还是评级机构信用评级问题，都与资产证券化过程密切相关。不难看出，研究次贷危机中的资产证券化是分析次贷危机产生原因的重要切入点，而相应的关注点更是涉及资产证券化中的信息不对称问题（如道德风险、投资者信心问题）。

5.2.2　次贷危机中的住房抵押贷款与资产证券化

在次贷危机中，资产证券化市场发生了剧烈的变化，资产支持证券，特别是次级抵押贷款支持证券大量违约，安全级（如 AAA 级）资产支持证券评级大幅调低，资产支持证券化发行量迅速减少，直至 2008 年次级抵押贷款支持证券交易几乎为零，到了 2009 年，整个资产证券化市场的需求也几乎消失①。资产证券化出现如此巨大的变化，最为重要的原因就是美国住房抵押贷款市场的崩溃，导致大量次级贷款违约，进而引发资产证券化危机。

一般而言，美国房地产贷款市场的产品主要有三种：优质贷款（Prime）、超A级贷款（Alt-A）和次级贷款（Subprime）（陈卫平，2010；Baker，2010）。其中，优质贷款指出借给信用等级较高客户的贷款，这类贷款的发放一般严格遵守贷款流程中的各项规定，按照贷款的规模，则可以分为传统合格贷款（Conventional Conforming Prime）和大额合格贷款（Jumbo Prime）。通常情况下，GSEs会购买传统合格贷款，但GSEs无法购买大额合格贷款。超A级贷款则是介于优质和次级之间的贷款，这类贷款通常是给那些具有良好信用记录，但是记录历史并不是很长的新房购买者。次级贷款则是指发放给信用记录较差的借款人的贷款，其中有一种被称为"说谎者贷款"（Lier Loans）的贷款，指贷款过程中银行信贷人员暗示借款人，让他们谎报收入信息来骗取贷款，这种贷款也被称为NINJA贷款（No Income，No Job，No Assets Loans）。优质贷款和部分超A级贷款主要集中在GSEs手中，称为机构贷款（Agency Loans），一般进行证券化出售给投资者；部分超A级贷款和次级贷款主要集中在私人机构手中，通过非机构证券化出售给投资者。除了这三类贷款，还有联邦住房管理局贷款（Federal Housing Authority Loan，FHA Loan）和退伍军人贷款（Veteran Government Loan，VA Loan）、房屋净资产贷款（Home Equity Loan）② 等。

在次贷危机发生前，美国住房抵押贷款的一个显著特征就是高增长，特别是非机构贷款的较高增速。截至2006年，次级贷款的发起总量达6000亿美元，与2001年相比增长了215.8%，相应的资产支持证券发行

---

① 本文阐述的次贷危机下的资产证券化问题主要是基于美国市场的状况，根据陈卫平（2010）和张鸿飞（2010）的观点，美国次级抵押贷款支持证券交易在2008年已接近于零，而整个资产证券化产品的需求则在2009年基本为零。

② 房屋净资产贷款指依赖于其他贷款而存在的小额贷款。在购买房屋时，会选择10%的首付，然后选择贷款80%，剩下的10%则采用房屋净资产贷款。由于贷款超过80%需要购买保险，因而这种贷款为借款人提供了便利，避免购买保险。

量于 2006 年达到 4489 亿美元，与 2001 年相比增长了 415.0%；超 A 级贷款在 2006 年的发起量为 4000 亿美元，发行量为 3657 亿美元，在 2001 年基础上的增长率高达 566.7% 和 3107.9%；机构贷款的表现则相反，呈现一定的递减趋势。住房抵押贷款的另一个显著特征为高证券化水平，从 2001 年开始，非机构贷款的证券化比例呈现显著的上升趋势，截至 2006 年，次级贷款的证券化比例达到了 75%，超 A 级贷款的证券化比例更是高达 91%，大额贷款的证券化比例也从 33% 升高到 46%。此外，投机行为的普遍存在也是美国住房抵押贷款的显著特征。据统计，2005 年 28% 的住宅购买属于纯投机行为，即借款人购买房屋并未打算用于居住，2006 年这一指标为 22%（Lybeck，2011）。美国的法律规定，当债务人无法偿付贷款并离开房屋后，银行保留作为抵押的房屋所有权，但无权继续追索。当买房者并不居住于房屋内时，在房屋的价格低于住房抵押贷款价值时，会更轻易地选择停止偿付贷款。

表 5-1　　　　美国住房抵押贷款发行情况①　　单位：10 亿美元

类别 年份	次级		超 A 级		大额		机构	
	发起量	发行量	发起量	发行量	发起量	发行量	发起量	发行量
2001	190.0	87.1	60.0	11.4	430.0	142.2	1433.0	1087.6
2002	231.0	122.7	68.0	53.5	576.0	171.5	1898.0	1442.6
2003	335.0	195.0	85.0	74.1	655.0	237.5	2690.0	2130.9
2004	540.0	362.6	200.0	158.6	515.0	233.4	1345.0	1018.6
2005	625.0	465.0	380.0	332.3	570.0	280.7	1180.0	964.8
2006	600.0	448.6	400.0	365.7	480.0	219.0	1040.0	904.6

---

① 资料来源：Ashcraft 和 Schuermann（2008）。表中发起量指银行或贷款机构发放住房抵押贷款的数量，发行量则是以住房抵押贷款为抵押发行的资产支持证券化的数量。次级、超 A 级和大额贷款一般为非机构贷款，机构贷款主要包括房利美、房地美和吉利美的贷款。

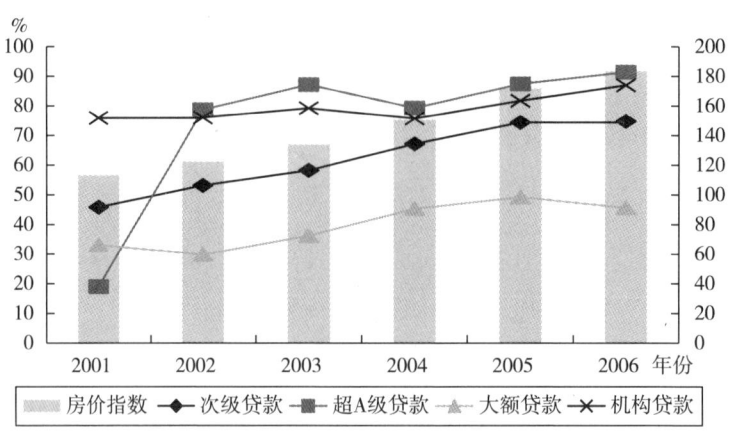

图 5-3　美国住房抵押贷款证券化比例①

如图 5-4 所示，从房价指数可以看出，美国房价在 2006 年达到顶峰之后，出现了明显的下行趋势。伴随房价的下行，住房抵押贷款总量的增长率也呈现加速下降的趋势，同时，住房抵押贷款支持证券的增长率也出现明显的下降。从 2007 年到 2008 年，无论是住房贷款，还是与之对应的支持证券，都出现了剧烈的"跳水"，到 2009 年，两者均出现负增长。房价的持续低迷，使次贷危机后的住房抵押贷款与对应的支持证券增长率长期保持着负增长的态势，直到 2011 年房价触底反弹之后，二者才逐渐走向正增长。截至 2014 年底，住房抵押贷款增长率达到 1.33%，总量达到 134552 亿美元，接近次贷危机前 2006 年的总量水平（135266 亿美元）；同时，住房抵押贷款支持证券的增长率实现由负转正，但增长水平接近零增长，总量达到 87283 亿美元，接近次贷危机前 2006 年的水平（83760 亿美元）。

次贷危机发生后，在住房抵押贷款和相应的支持证券的大幅下跌中，次级贷款和超 A 级贷款的反应最为剧烈。2006 年，次级贷款支持证券的发行量已达 4486 亿美元，超 A 级贷款支持证券的发行量达 3657 亿美元。而到了 2007 年，次级贷款支持证券的发行量下降过半，大约为 2000 亿美

---

① 证券化比例为发行量除以发起量，计算数据来源于 Ashcraft 和 Schuermann（2008）；房价指数为 S&P/Case – Shiller U. S. National Home Price Index 年度均值。

元,直到2008年发行量基本为零;超A级贷款支持证券发行量也呈现相同的趋势,到2008年,超A级贷款证券市场基本消失(陈卫平,2010)。与此同时,2007年,次级贷款的发起额也从6000亿美元跌落至2000亿美元,直至2009年基本消失(Segoviano等,2013)。

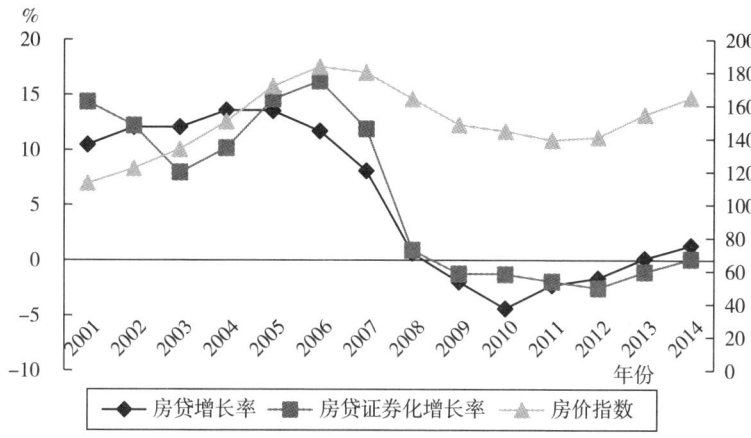

图 5-4　美国住房抵押贷款与证券化增长率①

不难看出,次贷危机的发生,使住房抵押贷款和相应的资产证券市场发生了巨大变化,在遭受一系列重创之后,即使房价回暖,市场也并未迅速恢复到次贷危机前的增长水平;依靠次级贷款和超A级贷款(或非机构贷款)迅速膨胀而形成的市场繁荣局面已被打破,相应的资产证券化逐渐退出市场;住房抵押贷款资产证券化的扩张性发展被遏制,次贷危机后相较于住房抵押贷款恢复得更为缓慢。

次贷危机中住房抵押贷款的另一个显著特点为高违约率。通过次贷危机前市场的表现不难理解,房价的膨胀与美国住房抵押贷款规模的不断扩张存在着密切的关系。房价的下跌和巨额的负债水平,使作为抵押品的房

---

① 图中房贷增长率为住房抵押贷款总量(Outstanding Mortgage)增长率,数据来自美联储Mortgage Debt Outstanding,原数据为季度累计数据,采用每年第四季度数据;房贷证券化总量为住房抵押贷款相关支持证券总量(Mortgage related)增长率,数据来源于美国证券行业与金融市场协会(Securities Industry and Financial Markets Association,SIFMA);房价指数为S&P/Case–Shiller U.S. National Home Price Index年度均值。

屋的价值低于需要偿还的住房抵押贷款的价值。据统计，2008年，18%的房屋所有者出现了这种负值现象，2010年，这一指标更是达到了23%（Lybeck，2011）。加之在房市繁荣时期，出现了不少的投机行为，于是在房价下跌过程中，更多面临着负值现象的借款人选择停止偿付贷款。在各种因素的推动和影响下，美国住房抵押贷款在次贷危机发生后迅速出现了大量的违约情况。依据图5-5中的违约指数可以看出，住房抵押贷款违约情况与房价指数存在着一定的负相关。随着房价的下挫，住房抵押贷款的违约指数迅速从1%的水平上升至5%以上，而当房价回暖时，违约率则又逐渐回归正常水平。

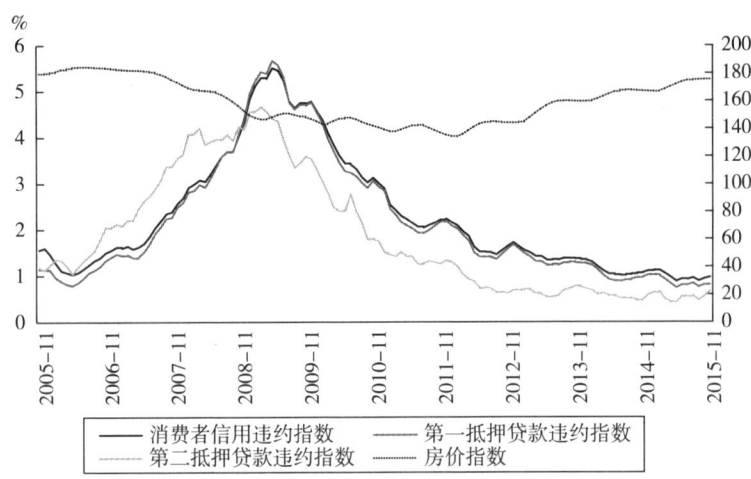

图5-5 美国住房抵押贷款违约指数[①]

值得注意的是，由于消费者信用违约指数所涵盖的贷款范围更广，风险相较住房抵押贷款（第一抵押权）略高，因而通常前者的违约指数略高于后者。然而，在次贷危机最为严重的2008年至2009年，第一抵押贷

---

① 消费者信用违约指数为 S&P/Experian Consumer Credit Default Composite Index，主要衡量汽车信贷、银行卡、第一和第二住房抵押贷款的信用违约情况；第一抵押贷款违约指数为 S&P/Experian First Mortgage Default Index，衡量享有第一抵押权的住房抵押贷款（First Mortgage）的信用违约情况；第二抵押贷款违约指数为 S&P/Experian Second Mortgage Default Index，衡量享有第二抵押权的住房抵押贷款（Second Mortgage）的信用违约情况；房价指数为 S&P/Case - Shiller U.S. National Home Price Index 月度指标。

款违约指数却略高于消费者信用违约指数。导致这种情况的原因，可能是市场中大量住房抵押贷款的质量问题集中爆发，其违约情况超出了市场整体的预期。由于第二抵押贷款所具有的特性，使其只能在第一抵押贷款获得清偿之后获得补偿，因而具有更高的风险。因此，在次贷危机之前，第二抵押贷款的违约情况通常比第一抵押贷款的违约情况要差。次贷危机发生初期，迅速升高的住房抵押贷款违约率，也促使第二抵押贷款违约飙升。但随着次贷危机进一步深化，到2008年底，第二抵押贷款违约却开始低于第一抵押贷款违约和消费者信用违约，并长期保持着相当的差距。可能的解释是，次贷危机使第二抵押贷款损失惨重，使这类贷款的出借人迅速调整贷款策略，采用更为审慎的贷款标准。

总而言之，无论是住房抵押贷款还是相应的资产证券化市场，在次贷危机中都受到了重大的打击，并在次贷危机发生后较长的时期内产生了深刻的影响，改变了整个市场在次贷危机前的形态，遏制了次贷危机前市场的迅速扩张。而这种剧烈的变化，正是源于次贷危机前市场中所累积的问题，例如，繁荣时期贷款质量问题被掩盖，使整个市场的风险不断积聚，市场扩张阶段各市场主体盲目乐观，错误的预期导致非理性的行为，催生非理性繁荣。而这些问题，归根结底还是在于市场中存在的信息不对称问题——次贷危机前由于难以预期资产价值或市场走向，准确的风险观测与跟踪十分困难，资产证券化发起人利用信息不对称放松贷款筛选以获利，即出现道德风险问题；次贷危机发生时难以客观判断市场和产品价值，在市场下跌中丧失信心，加剧了市场的恐慌；次贷危机后市场的缓慢恢复和各种监管措施的出台，则更多地关注于信息的披露和信心的重获。因此，分析信息不对称问题是研究次贷危机中的资产证券化的重要切入点，有利于分析次贷危机产生的原因，讨论资产证券化存在的问题与未来发展趋势。

5.3 金融市场信息不对称与资产证券化设计

5.3.1 次贷危机下的市场信息不对称状况

根据前面章节的研究可以发现，资产证券化的特殊设计能够有效应对金融市场中存在的信息不对称问题，提升资产的流动性。在次贷危机发生前，资产证券化市场的繁荣，包括迅速扩张的发行规模与交易量，都表明在这一阶段，资产证券化设计确实有效解决了市场中的信息不对称问题，大幅提升了资产支持证券在市场中的流动性。随着次贷危机的爆发，资产证券化中存在的问题暴露了出来，资产支持证券基础资产质量恶化的问题引发了大范围的违约，为资产证券化市场带来严重的流动性危机。在这一时期，由于市场环境的剧烈变化，市场中的信息不对称问题已难以通过资产证券化设计得到缓解，由于有更多的投资者开始对复杂的资产证券化设计本身产生怀疑，反而使市场信息不对称状况加深。次贷危机发生后，随着整体市场的逐渐恢复，次贷危机中出现的问题逐渐解决或缓和，资产证券化中基础资产质量恶化的问题得到明显的遏制。但是，资产证券化市场的表现却并未回到次贷危机前的状况，反而进一步出现发行量、交易量锐减的现象，市场流动性枯竭。这说明在次贷危机后，资产证券化设计依然没有能够很好地解决市场信息不对称问题。

资产证券化设计是否能够有效地应对市场中的信息不对称问题，之所以在次贷危机发生前后表现出巨大的反差，其根源就在于影响上述作用机制的重要因素——投资者信心发生了重大的变化。

在次贷危机发生前，长期保持高增长的房价为市场和投资者都带来一个错误的信号——房价不会下跌，这就使无论是住房抵押贷款的发起人、资产支持证券的发行人，还是评级机构、监管者，抑或是资产支持证券的投资者，都过于盲目乐观地预期美国房价会继续攀升。这不仅促成了整个市场的非理性繁荣，居高不下的投资者信心也诱使贷款的发起人选择向信用较差的借款人贷款，以达到迅速扩张业务的目的。在房价不断上涨的情况下，即使信用较差的借款人难以偿付贷款，发起人（银行）依然可以通过出售抵押品——房产来获得足够的清偿，这使贷款呈现低风险的假象。加之这些贷款能够较为容易地通过证券化出售，因而进一步促使发起人扩大业务规模。而住房抵押贷款以及相应的资产证券化市场的膨胀，进一步推高了房价，使投资者更加确信，市场不会出问题，投资者信心不断增加。在次贷危机发生前的 2006 年和 2007 年上半期，高涨的投资者信心[①]与较高的资产证券化发行量共存，特别是住房抵押贷款支持证券的发行量在这一阶段达到了历史新高。

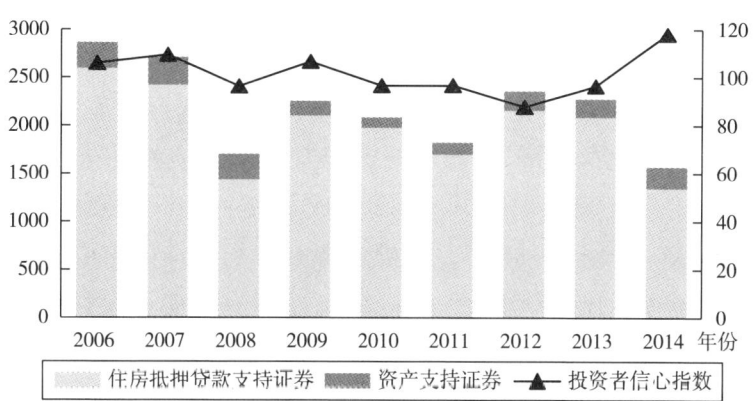

图 5-6　资产证券化发行量与投资者信心[②]

次贷危机发生后，市场中的投资者信心无疑也发生了巨大变化。在次贷危机爆发前期，大量次贷以及相应资产支持证券的违约，大大打击了投

---

① 由于未能获取针对资产证券化市场的投资者信心指数，本文主要基于道富银行提供的投资者信心指数进行分析。道富银行的投资信息指数主要依据对北美、欧洲和亚太地区成熟投资者（主要是机构投资者）的调查与计量，获得较为客观的全球投资者风险胃口（忍耐度）的状况。由于资产证券化的投资者往往是机构投资者，因此，采用这一指标，能够一定程度上反映资产证券投资者信心的状况。

② 住房抵押贷款支持证券与资产支持证券（除住房抵押贷款支持证券）发行数据来源于美国证券行业与金融市场协会（Securities Industry and Financial Markets Association，SIFMA），单位为百万美元；投资者信心指数来源于 State Street Global Exchange，采用月度指标的年度均值。

资者信心，不仅投资者信心指数迅速降低，资产支持证券的发行量也应声下跌。随着 2009 年多项救市措施的出台，一定程度上提振了投资者信心，从而一定程度上减缓了资产证券化市场的衰退。

2009 年以后，市场中各主体的行为更加审慎，次贷危机中的问题得到一定程度的缓解，但是投资者信心却依然处于相对较低的水平，资产证券化的发行规模也难以恢复到次贷危机前的状况。导致这一现象的原因，一是投资者对未来宏观经济形势的预期降低，二是投资者对资产证券化市场本身安全性的信心丧失。也就是说，资产证券化市场在经历了次贷危机的重创之后，资产支持证券（特别是安全资产，如 AAA 级证券）的安全性遭到了投资者的质疑，例如，投资者发现与评价资产安全性密切相关的信用评级在次贷危机中并未发挥预期效果，反而暴露出种种致命缺陷。因此，当投资者难以从其他途径获得资产质量相关信息时，只能依据资产证券化在次贷危机中的表现，选择撤离市场。因此，即使在次贷危机结束后，资产支持证券基础资产质量并未恶化的情况下，投资者依然不愿增加购买，从而造成了整个资产证券化市场在次贷危机后的衰落。截至 2014 年，当投资者对市场整体的信心升高时，资产证券化市场的发行量却跌至"冰点"，这很有可能是投资者对资产证券化市场的信心丧失的体现。

5.3.2 信用评级与投资者信心

根据前面章节的研究，可以发现由于资产证券化的特殊设计，投资者很难获取基础资产的质量信息，这就使资产证券化的信用评级成为投资者评估资产支持证券化的重要指标。在资产证券化实践中，评级依赖在次贷危机前就已成为不可忽视的问题，信用评级的状况与投资者信心密切相关。随着次贷危机的爆发，许多高评级的资产支持证券也出现违约，严重打击了投资者信心，从而引发了投资者对信用评级的"信任危机"问题。研究这一问题的核心，主要包括两个方面：一是信用评级出现了什么样的问题，二是评级依赖与投资者信心呈现怎样的关系。

5.3.2.1 资产证券化信用评级流程

要讨论评级资产证券化信用评级存在什么样的问题,评级依赖究竟为什么会产生,会对投资者信心产生怎样的影响,其根本是由评级流程决定的。因此,在分析上述问题之前,首先需要明确资产证券化信用评级流程及其特点。资产证券化信用评级与普通债权评级的方法基本保持一致,但是资产证券化信用评级不仅关注基础资产本身的风险,还要对现金流结构进行考量。以住房抵押贷款支持证券的信用评级为例,资产证券化信用评级主要分为以下几个步骤。

首先,发行人依据评级需求选择至少两家评级机构,委托其进行资产支持证券评级,并为评级机构提供基础资产的资产池信息以及信托人资本结构信息。评级机构的评级分析师在获得所需的信息之后,会针对基础资产进行信用风险建模,以进行损失分析,并进行压力测试,预测在各种压力环境下资产池中的贷款资产有多少会发生违约,以及贷款违约后可以收回的本金数量。评级分析师依据损失分析和压力测试结果,判定各个层级

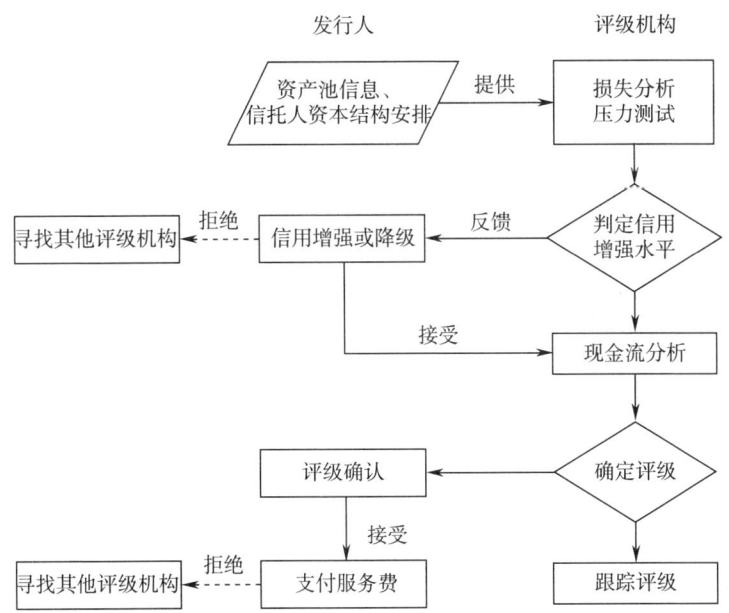

图 5-7 资产证券化信用评级流程

达到一定评级所需要的信用增强水平是否足够，并将结果反馈给发行人，并建议发行人提供信用增强或降级。发行人可以选择接受评级分析师的建议，也可以选择支付给评级机构一定的"分手费"，转而寻找其他评级机构进行评级。

在确认了信用增强水平之后，评级分析师结合结构化分析，会对基础资产的资产池未来收到的利息和本金进行现金流分析，检验未来现金流是否充足，相应的法律文件是否合规，从而确定各个层级的信用级别。在这一阶段，评级分析师首先会向评级委员会提交各个层级的建议评级，经评级委员会同意或调整，才能最终确定评级。评级机构在确定评级后，会将评级结果反馈给发行人，如果发行人选择接受评级，则支付服务费用；如果发行人不接受评级，则同样可以选择支付一定的手续费，寻找其他评级机构重新进行评级。在评级确定之后，评级机构往往需要定期进行跟踪评级，即根据基础资产的违约状况和现金流情况对相应层级进行评级调整。

资产证券化信用评级流程存在两个显著的特征：一是信用增强对评级结果会产生非常重要甚至是决定性的结果；二是评级过程并非完全保持独立，且不同评级机构的评级结果可能存在着非一致性。这就成为引发资产证券化信用评级问题的根源所在。

5.3.2.2 信用评级存在的问题

次贷危机中，随着大量住房抵押贷款相继违约，导致许多 AAA 级的住房抵押贷款支持证券化的现金流也迅速枯竭，出现了大量违约的现象。评级机构进而调低评级，进一步引发投资者的恐慌。次贷危机暴露出资产证券化信用评级中存在的重大问题，主要包括信息披露的非透明、评级模型错误和评级过程中的利益冲突。

根据 IOSCO（International Organization of Securities Commission）的信用评级机构行为准则（CRA Code of Conduct）的规定，大型评级机构需要对其评级方法进行公开披露。这些评级方法信息的披露，理论上可以使有经验的、有一定分析能力的投资者理解并加以利用，但是评级机构并未对评级的历史表现相关数据进行明确的披露与解读。此外，由于资产支持证券的购买者往往是机构投资者，因而相应的法律法规并未强调投资者保护，进而对信息披露的要求也比较低。次贷危机发生之后，针对资产证券化信用评级信息披露中存在的问题，IOSCO 提出修改信用评级机构评级行为准则，要求评级机构公开评级的历史表现信息。然而，评级机构指出这一措施并不现实，主要是由于评级机构所采用的评级方法始终处于变化中，历史评级表现与现有评级结果的表现并不可比。也就是说，基于现有评级行业的状况，较难做到提升评级相关的信息披露，这一问题还有待解决。

次贷危机发生后，资产证券化信用评级所采用的评级模型备受诟病。通常情况下，评级模型主要依靠历史数据，通过对历史的归纳统计，模拟资产在未来的表现。在这种方法下，评级模型总是假设宏观经济和金融市场的环境总是保持一定既有的趋势，并未考虑未来系统性风险可能带来的巨大压力。次贷危机发生前，评级机构所使用的评级模型假设长期上涨的房价并不会出现回调下跌的情况，因而评级机构总是对住房抵押贷款相应的证券给予过度乐观的评级。而在房价开始下跌，住房抵押贷款出现违约时，评级机构又未能随着市场迅速的变化对模型方法和假设进行调整。此外，随着结构化金融产品的不断创新，资产证券化产品的设计越来越趋于复杂化，特别是次级抵押贷款支持证券的结构设计尤其复杂，这就使评级模型变得更为复杂。模型的设定是否合理、正确，也很难为投资者所能判断。对于在次贷危机中未能及时调整评级方法，评级机构表示，给出的资产证券化信用评级是基于长期的分析，因而在市场发生剧烈变化时，由于难以判断是短期的异常现象，还是长期的趋势，所以不能在第一时间改变评级方法，以此来确保评级的稳定性。然而，事实上评级调整的滞后另有原因：由于负责初始评级的分析师往往也负责评级的管理，因此，分析师一般不愿意调整评级来避免承担责任①。因此，在次贷危机发生后，IOSCO 建议评级机构能将初始评级职能与评级管理职能分开，从而确保评

---

① 实际操作中，还存在部分初始评级调整过快的情况，一般解释为评级机构为保持声誉而进行的事后评级调整。在次贷危机中，这一行为有可能加重市场的恐慌。而本文所讨论的评级调整过慢，更多的是指对错误评级方法的改正。

级能够根据实际情况进行适时的调整。

此外，资产证券化信用评级中还存在一个明显的问题，即评级独立性被削弱和与之相关的利益冲突问题。从建立之初，大多数评级机构都采取"发行人支付模式"（Issuer – pay Model）的业务模式，即证券发行人或评级委托人委托评级机构进行评级，然后支付给评级机构一定服务费，而这些服务费往往成为评级机构的主要收入来源。在这种业务模式下，证券发行人更希望获得高评级而非准确性，评级机构之间的竞争则迫使评级机构尽可能地给予委托人高评级，以获取业务收入、争取客户群体，这削弱了评级机构第三方机构的独立地位，很可能会影响评级结果的客观性。资产证券化评级显然也采用了"发行人支付模式"，IOSCO（2008）调查显示，在次贷危机发生前的数年内，CDO 市场的繁荣促使资产证券化信用评级业务成为各大评级机构收入增长最快的业务之一。这导致评级机构很可能倾向于降低评级方法中假设的保守性，从而保证评级业务的增长。此外，与传统评级业务不同，资产证券化信用评级业务中往往还会包括对发行人的咨询服务，即根据发行人所需要的层级评级，提出信用增强或信托资本结构设计等相关建议。发行人依据评级机构的建议提供信息，而评级机构却不能保证发行人提供信息的准确性，这种情况下得出的评级很可能是不准确的。针对这些问题，IOSCO 提出要在业务进行中尽量避免利益冲突，但并没有提出进一步的改进意见，无论是评级机构的"发行人支付模式"，还是评级与咨询服务的混合，在短期都难以改变。

5.3.2.3 评级依赖与投资者信心

根据前面章节的研究结果可以得知，资产证券化信用评级是影响资产证券化市场投资者信心的重要因素，评级结果可以显著影响投资者在市场中的投资决策。而评级之所以能够对投资者信心产生如此重要的影响，其根源在于投资者乃至整个市场对评级的过度依赖。

资产证券化产品的设计较为复杂，抵押的资产池可能包含数以千计的资产，但这些信息却很少被公开披露。资产证券化产品存在的复杂性和信息非透明性，让投资者往往难以对证券作出准确的判断。资产证券化信用评级作为第三方机构提供的重要风险评价指标，不仅成为判断证券风险特性的标准,更成为进行证券投资的指引。具体而言,导致投资者过度依赖于评级的原因有:第一,对于贷款组合,在有限的信息处理成本条件下,投资者很难采用计量的方法对关联风险进行准确的估计;第二,资产支持证券的二级市场不够活跃,难以提供足够的投资决策参考,或实现市场的价格发现功能,形成合理、稳定的证券价格;第三,对于一些资产支持证券,特别是类似 CDO 的创新型产品,很难获得市场中的历史表现数据,只能依靠有限的历史数据来推测产品未来的表现;第四,由于结构化金融产品发展的历史不长,投资者还没能完全理解相应的估值方法和二级市场的价格发现机制。与此同时,监管者和一些地区的法律法规也存在评级依赖的问题,将信用评级作为监管的依据。在巴塞尔资本协议框架下,评级机构给出的信用评级被认为是外部评级,是标准法中确定风险暴露违约风险的主要参考指标。这些因素的共同作用,使投资者的投资决策依赖于甚至决定于评级,对投资者信心产生至关重要的影响。

根据前面章节的研究,在资产证券化市场中,有关基础资产质量的信号决定着投资者信心,投资者信心影响着投资者对资产支持证券现金流的预期,从而影响投资者对证券的估值,进而关系到整个市场的流动性[①]。当投资者存在评级依赖时,评级就可以被视为反映基础资产质量的主要信号,直接关系到投资者信心的高低。

次贷危机发生前,在繁荣房地产市场的刺激下,评级机构通过存在错误的评级方法与模型,对资产证券化产品给出过度乐观的高评级结果。这些高评级极大地增加了投资者信心,促使投资者在并不清楚基础资产实际质量的状况下,对未来现金流的预期升高,增加对证券的估值,从而增加了资产支持证券的流动性,促进了整个资产证券化市场交易的繁荣。次贷危机来临时,随着大量抵押贷款的违约,相应的资产证券化信用评级也随之下调,依赖于评级的投资者信心也迅速降低,资产支持证券价值的迅速缩水,迫使投资者大量撤离资产证券化市场。随着次贷危机的深化,资产

---

① 基本表达式为 $V_0 = \frac{1}{R_f} \{ p[\theta(s)V^G + (1-\theta(s))V_H^B] + (1-p)[\theta(s)V^G + (1-\theta(s))V_L^B] \}$,其中 $\theta(s)$ 体现为投资者信心。

证券化信用评级中存在的问题也逐渐暴露了出来,原本依赖于评级的投资者对评级本身的可信度产生了质疑,也就是说,评级作为基础资产质量信号的作用被大大地削弱了。与此同时,资产证券化中的信息披露问题并没有多少改善,投资者除了评级,并未找到新的能够替代基础资产质量信号的指标,基础资产在次贷危机中的表现成为影响投资者信心的主要因素,导致投资者信心持续走低,资产证券化市场跌入新的低点。

5.3.3 政府救市与投资者信心

次贷危机发生后,各国政府多次出台救市措施,以稳定市场,提升投资者信心。资产证券化市场作为次贷危机中受到重大冲击的市场,相应的救市措施势必也会对资产证券化市场的信息不对称状况与投资者信心产生重大的影响。这种影响主要体现在两个方面:一是直接影响,即救市措施能够改善市场中投资者对宏观经济背景的预期,减少信息不对称状况恶化带来的市场恐慌,提升投资者信心;二是间接影响,即政府介入市场提供国家信用,降低基础资产或资产支持证券的违约风险,一定程度上缓解恶化的市场信息不对称状况,从而提振投资者信心。

在前面章节的研究中,投资者信心体现在对资产支持证券化未来现金流的预期,因而其决定因素为基础资产质量的信号,宏观经济状况则作为外生变量进行讨论。事实上,投资者信心同样会体现在对宏观经济状况的预期中,而这种投资者信心则主要取决于宏观经济要素的影响。当经济持续下行时,负面的宏观经济信息会不断打击投资者信心,从而降低投资者对未来宏观经济走向的预期。基于之前的研究可以发现,由于在较差的经济环境下,质量较差的贷款资产会发生违约,从而减少预期现金流。因此,即使投资者能够获得基础资产质量的积极信号,对宏观经济状况的较低预期同样会降低投资者对资产支持证券的估值,进而影响证券的市场流动性。而在次贷危机爆发时,无论是对宏观经济的预期,还是对证券现金流的预测,都呈现明显的负面效应,体现为不断降低的投资者信心,从而引发了整个市场的流动性危机。在这种情况下,政府救市的措施能够为改善当前宏观经济状况创造条件,提振投资者对宏观经济状况的信心,从而可以一定程度上缓解资产证券化市场面临的流动性危机。但是在经济还在持续恶化的环境下，这种效果所能持续的时间和影响力非常有限，随着流动性危机进一步的蔓延和深化，投资者的信心会很快回落，流动性危机又会重现。

上文的分析提到，当资产证券化信用评级受到投资者质疑时，投资者无从获得其他合适的基础资产质量信号，导致投资者信心低迷。政府在救市过程中，对资产证券化过程中相关主体的介入或接管，相当于为这些主体所涉及的基础资产、证券提供国家担保。这种国家担保，虽然并不直接体现基础资产的质量信息，却为现金流预期提供了积极的信号，国家作为"最后担保人"，无疑会降低基础资产或证券整体的违约风险。因此，这种积极的信号能够提升投资者信心，进而改善资产证券化市场的流动性状况。体现较为明显的就是2008年3月，通过政府的介入，摩根大通收购濒临破产的贝尔斯登，原本迅速下行的市场信用状况①和投资者信心指数②都有所回升。当然，这种政府介入对提升长期投资者信心的作用比较有限，在2008年9月雷曼兄弟破产之后，即使政府迅速接管了AIG，也未能挽救暴跌的市场，投资者信心自然也难以提振。

在众多的救市措施中，美国于2008年提出的TALF计划（Term Asset-Backed Securities Loan Facility）则是典型的专门针对资产证券化市场的措施。TALF作为一种融资机制，主要通过支持资产支持证券的发行，来帮助市场的参与者获得所需的贷款。在TALF计划中，纽约美联储向新发消费者贷款和小企业贷款支持证券中的AAA级证券的持有者提供高达2000亿美元的贷款，以支持投资者对这些证券化产品的购买，以此来建立一个人为的、暂时的市场需求，以应对资产证券化出现的需求低迷的状况。从短期效果来看，TALF计划通过提供政府融资的手段，间接地向市场传递积极的投资信号，对提升投资者信心具有积极的意义。但是从长期效果来看，TALF计划并未触及影响投资者信心的根源，并未解决资产证

---

① 参见图5-1次贷危机的五阶段。
② 2007年8月的道富银行投资者信息指数为117.7，明显高出之前4月、5月、6月、7月的指数。

券化设计存在的"信任危机"问题，因而在长期提升投资者信心中作用并不明显。当 TALF 计划结束后①，投资者难以再次获得"廉价"的贷款，较低的投资者信心依然会驱使投资者减少对资产证券化产品的购买。从 2009 年资产证券化发行规模短暂上升后，市场再次经历了一个下行的过程，直至 2011 年再次到达发行量的低点。

5.4 资产证券化过程中的信息不对称问题

5.4.1 资产证券化中的经济摩擦

次贷危机发生后，大量资产支持证券被强制解约，整个市场大幅缩水。在这一过程中，资产证券化过程中由于信息不对称所产生的经济摩擦，如逆向选择与道德风险问题，被认为是导致次贷危机的重要原因。Ashcraft 和 Schuermann（2008）认为次级抵押贷款资产证券化存在的经济摩擦有：道德风险（Moral Hazard）、逆向选择（Adverse Selection）、委托代理人问题（Principal Agent）、掠夺性贷款/借款（Predatory Lending or Borrowing）、模型错误（Model Error）问题、贷款欺诈（Mortgage Fraud），并认为其中五类摩擦是导致次贷危机发生的重要因素。

在长期上涨的房价刺激下，次级抵押贷款市场出现了较为普遍的掠夺性贷款/借款问题，并催生出市场中的过度信贷，为信贷市场的健康与稳定带来隐忧。在投资者与资产管理经理之间存在着显著的委托代理问题，特别是当资产证券化信用评级与传统评级看起来并不存在区别时，资产管理经理为了在相同信用评级下获得更高的收益，会更倾向于选择购买证券化产品，但却放松了尽职调查，资产组合中的隐含风险不断积聚。这一问题的存在，直接导致了安排人降低了对贷款进行严格尽职调查的动机，从

---

① TALF 计划从 2009 年 3 月开始实施，并于 2010 年 6 月停止发放贷款。

而引发贷款发起人对安排人的贷款欺诈问题,进而为掠夺性贷款大开方便之门。在这样的情况下,唯一的资产支持证券发行标准就成为了来自评级机构的资产证券化信用评级。由于评级机构往往无法识别发起人存在的套利行为,所以评级机构使用的评级模型往往也可能存在错误。此外,虽然评级机构对评级方法进行披露,但投资者显然难以准确判断和评估这些评级模型的有效性。由于评级模型的错误,使一些原本质量较差的资产支持证券以高评级的"优质"形象推向市场,风险不断积聚。当外部冲击突然发生(房价下跌)时,整个资产证券化环节就暴露出了问题,引起连锁反应,最终引发整个市场的崩溃。

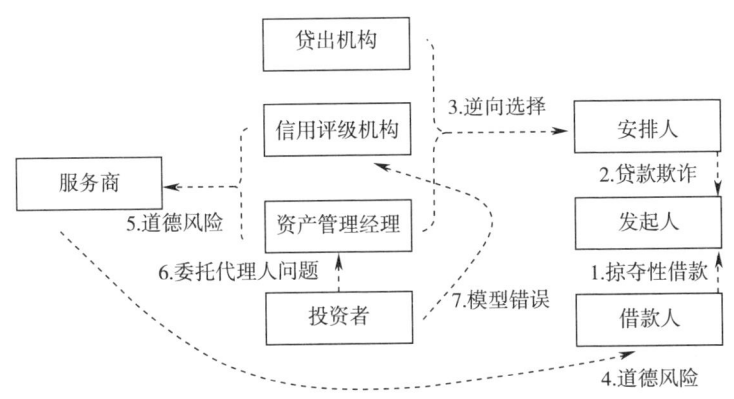

图 5-8 次级抵押贷款资产证券化核心参与者与经济摩擦①

在资产证券化过程中存在的众多经济摩擦中,无论是道德风险、逆向选择,还是贷款欺诈、委托代理问题,其根本原因来自市场中存在的信息不对称。发起人作为贷款流程的第一参与人,对贷款的真实质量享有明显的信息优势。在贷款能够顺利实现证券化出售的前提下,发起人就有动机放松对贷款的筛选,或在对安排人传递贷款真实信息时产生欺诈行为,故意将有问题的贷款出售。类似地,无论是安排人还是资产管理经理,在能获得既定利益的基础上,都会选择放松尽职调查,而不知情的投资者却无从获知整个资产证券化过程中产生的巨大风险。资产证券化信用评级作为

---

① 图片来源于 Ashcraft 和 Schuermann(2008)。

重要的甚至是唯一的体现基础资产质量与资产支持证券信用风险状况的指标，却在评定过程中存在明显的错误，造成明显的信用评级高估问题，更是对投资者造成误导。资产证券化的设计初衷是为应对信息不对称造成的资产非流动问题，但其根本上并未改善信息不对称问题，反而在实际操作中恶化了信息不对称问题，掩盖了实际存在的风险，造成了风险的不断积聚。

5.4.2 资产证券化中的道德风险

在资产证券化过程中存在的众多经济摩擦中，最受关注、也被认为对次贷危机发生有重要责任的问题就是道德风险问题，即发起人降低对借款人的筛选与管理，将贷款出借给信用较差的借款人，最终引起大量的贷款违约。根据前面章节的研究可以发现，发起人是否在借款人筛选中付出努力受到几个因素的影响：进行证券化的成本（风险自留）、筛选行为与贷款违约率的关系、贷款筛选成本。当发起人的贷款进行资产证券化的成本很低，或是非常容易实现证券化出售时，发起人只要保证贷款能够符合一定证券化的标准即可，并不需要增加筛选贷款的努力；当发起人付出一定成本增加对贷款的筛选时，贷款违约率降低所能带给发起人的好处（如资本的节约）不足以弥补成本时，发起人也不会愿意增强贷款的筛选；相反，放松贷款筛选的同时，却不会受到"惩罚"（如增加监管资本），反而能够获利，发起人自然会更倾向于放松筛选；发起人总是希望将成本降到最低，因而只要符合利益最大化条件（获得稳定风险状况和高收益），发起人会倾向于放松贷款筛选来节约成本。而这些问题是否存在，则需要根据实践情况进行具体分析。

在次贷危机发生前，各类住房抵押贷款的证券化比例都出现了较快的增长。截至 2006 年，除了大额贷款，其他住房抵押贷款的证券化比例都达到了 70% 以上，表明整个住房抵押贷款市场的证券化比例非常高，说明大多数的贷款在发放之后能够通过证券化实现在市场中的出售。发起人（银行）在贷款审核之初，就能在很大程度上确定贷款是否能够符合证券化的标准。以机构贷款流程操作（傅强，2010）为例，在借款人向发起人询价后,发起人会检查借款人的信用状况并通过 TBA[①]查看相应贷款的机构买价,确定贷款利息;当借款人同意贷款利息时,发行人就为借款人锁定利率,直到买房交割贷款完成后,发起人将贷款转给机构(GSEs),机构就可以将贷款打包进行证券化,出售于二级市场,同时发起人保留服务权。不难发现,在贷款发起的过程中,发起人根据 GSEs 给出的贷款购买标准(如一定的 FICO 评分)就可以判断贷款能否进行证券化出售;整个贷款发起到经营的过程,对于发起人而言并不存在信用风险。在这种背景下,发起人会选择只保证借款人"硬信息"合乎标准,却不愿花费成本获得借款人"软信息",以更为准确地判断借款人的信用状况。

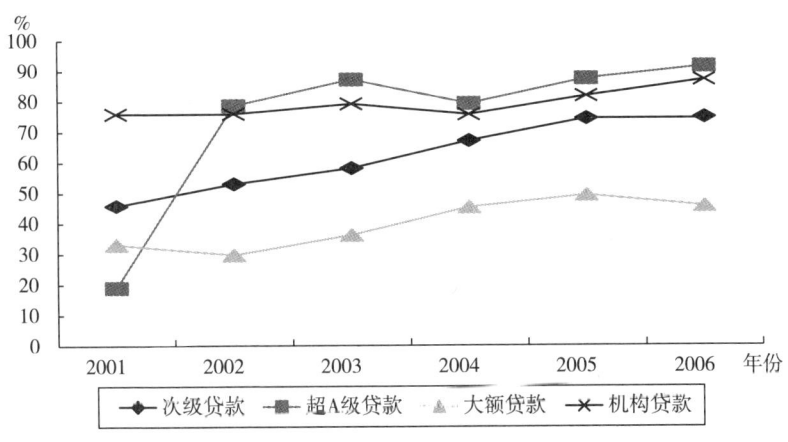

图 5-9 美国住房抵押贷款证券化比例[②]

与机构贷款相比,非机构贷款一般就是不符合 GSEs 购买条件的贷款,如大额贷款、一部分超 A 级贷款和次级贷款[③]。对于这类质量存在潜在问题的贷款,理论上需要加强贷款筛选,以准确估计其高风险。但事实

---

① TBA 全称 To Be Announced,用于记录预期住房抵押贷款交易价格、利率等信息,房利美、房地美和吉利美的过手证券在 TBA 市场交易。

② 资料来源:Ashcraft 和 Schuermann(2008)。

③ 这些贷款通常 FICO 评分不到 620 分,LTV(Loan to Value Ration)高于 90%,或缺少借款人收入和财产证明。

上，大量的次级贷款在发放中为不断扩张市场份额，反而降低了贷款筛选标准，美国新世纪金融金融公司（New Century Financial Corporation）所进行的次级贷款业务就是典型的案例。新世纪金融公司成立于1996年，主要从事住房抵押贷款业务，致力于为那些被综合性大银行拒之门外的低信用水平申请人提供高利率的住房抵押贷款，是美国第二大的次级住房抵押贷款机构。在长期高额利益的趋势下，公司将最大限度地扩大公司规定设定为主要战略目标，将借款客户营销工作外包给独立经纪商，以大幅减少公司运营成本。在这种经营策略下，新世纪金融公司失去了对贷款筛选的直接控制，难以保证筛选的严格性。而在激烈的市场竞争下，一些经纪商盲目追求贷款量的增长，借款人甚至不需要贷款材料就能获得贷款。这种经营模式能够得以维持，主要获得了来自两个方面的支持。一方面，新世纪金融公司能够将全部贷款都以证券化或非证券化的形式在二级市场上出售①，信用风险的转移出表使公司没有激励关注于贷款筛选问题；另一方面，长期上涨的房价，使住房抵押贷款整体的违约率较低，即使借款人出现偿付困难，依然能够通过获得抵押房产来得到清偿。结合上文分析可以发现，在次贷危机前即使是质量较差的贷款也不易违约，因而从结果来看，发起人付出更多努力筛选贷款并一定能够获得更多的好处，反而会耗费一定筛选成本。因此，发起人放松对贷款的筛选也就不足为奇了。2007年，新世纪金融公司的信用风险全面爆发，贷款质量问题不断暴露出来，除了公司本身的贷款投资受到高违约率和抵押品价值缩水的损害以外，公司在二级市场出售的贷款也面临着全面回购的风险。新世纪金融公司的破产，是次级贷款长期积累的问题的集中爆发，被视为次贷危机全面爆发的开端。

从一个较长的历史时期看，次贷危机发生前，房市与次贷繁荣的几年内，银行对贷款的筛选确实出现了明显的降低。次贷危机中，随着贷款违约数量的剧增，银行明显对各类贷款（不仅限于住房抵押贷款）的筛选

---

① 2003年以前，新世纪金融公司将全部抵押贷款都以证券化或非证券化的方式在二级市场上出售，此后，公司逐渐将一些高风险、高收益的贷款资产留在表内以获得高收益。

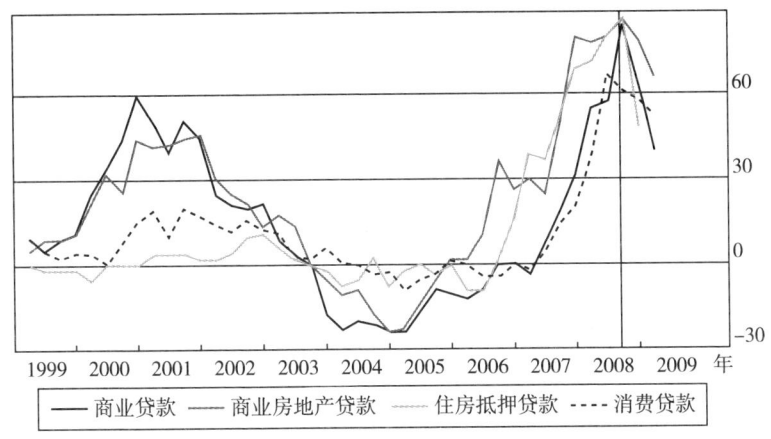

图 5-10 美国贷款标准变动指标①

增强,特别是在次贷危机最严重的时候(雷曼兄弟破产),这种增强筛选的行为达到了顶峰。此外,次级贷款市场的表现也说明了整个市场对借款人信用质量的关注。2007 年,次级贷款的发起额从 6000 亿美元跌落至 2000 亿美元,直至 2009 年基本消失,说明信用较差的借款人已逐渐被排除出住房抵押贷款市场。此外,次贷危机后各国监管均明令要求发起人保留一定比例的风险资产,以应对可能存在的道德风险问题。

5.4.3 资产证券化中的逆向选择

通过前面章节的研究可以发现,当发起人受到资本监管的约束时,总是希望将质量较差(违约率较高)的贷款资产通过资产证券化转移出表,以达到节约资本的目的。IOSCO(2008)明确指出,资产证券化产品通过特殊设计,满足投资者的不同风险偏好和投资期限偏好,来实现表内风险的分散化。然而在实际中,资产证券化这种发起并分销(Originate - to - Distribute)模式往往目的并不在于分散风险,而是赚取经手费。在次贷危机发生前,这种现象体现得更为明显。在资产证券化市场异常繁荣的时

---

① 图片来源:BIS(2009)。美国贷款标准变动指标指在调查中显示贷款标准更强的银行的百分比,垂直线表示 2008 年 9 月 15 日雷曼兄弟破产的日期。

期，资产证券化的发起或发行主体反而会选择将高风险的权益级证券（或资产）自留在表内。例如，美国新世纪金融公司从2004年开始，将部分高风险的贷款留存在表内，截至2005年，公司持有贷款投资总额达到161亿美元，占公司总资产的60%以上。自留权益级证券的原因有两种，第一是权益级证券往往流动性更低，折价更高，更难出售；第二，也是更为重要的原因是，发起人或发行人通过自留高风险资产来获得高收益。事实上，一些金融机构也愿意购买这些权益级证券加入投资组合，以提高整体的收益率。当危机来临时，这些权益级证券现金流最先枯竭，为权益级证券的持有者带来巨大损失。从这一个角度看，在市场被过度高估的状况下，发起人或发行人的行为已出现一定程度的扭曲，在不断追逐高利润的行为下，却未能及时对不断累积的潜在风险作出安排。

从经典的"柠檬问题"视角出发，资产证券化过程中确实会出现逆向选择问题，即发起人或安排人会将质量较差的贷款进行证券化出售。以次级贷款资产证券化为例，Ashcraft和Schuermann（2008）提出，在安排人与第三方机构，即贷出机构（Warehouse Lender）、资产管理经理和评级机构存在逆向选择的问题。对于贷出机构而言，总是要防止安排人提供的抵押出现高估的情况，而安排人为了应对可能出现的抵押价值低估，就会利用信息优势，选择将质量差的借款人提供给贷出机构。当危机发生时，抵押贷款质量问题暴露出现，贷出机构就会提出更高的抵押要求。在2007年，许多安排人或发起人机构倒闭或出现问题，很重要的原因就是无法提供贷出机构增加的抵押要求。

由于信息不对称的存在，安排人理论上会将质量较差的贷款证券化最终出售给投资者，这种问题可以通过发起人或安排人信誉维护或资产管理经理的尽职调查来解决。但问题在于，次贷危机发生前，由于这些证券化产品的历史表现良好，信誉问题并不能完全阻止逆向选择的发生，且由于委托代理问题的存在，资产管理经理的尽职调查也不尽合理，就给逆向选择问题的发生创造了条件。此外，安排人与第三方机构存在的逆向选择问题，也会影响评级机构给出的评级结果。由于评级机构往往对安排人和发起人进行有限的尽职调查，因而很难识别存在的逆向选择问题，从而造成评级结果的不准确。

总而言之，经典的逆向选择问题在资产证券化过程中变得较为复杂，其作用效果和影响范围与资产证券化中的其他经济摩擦密切相关。由于次贷危机前资产证券化主体的行为出现了一定程度的扭曲，因而很难证明逆向选择是否是引发次贷危机的重要因素，但是从次贷危机爆发后的结果来看，逆向选择问题的存在是毋庸置疑的。在次贷危机过后，逆向选择问题的作用凸显了出来，投资者信心丧失，发起人为应对过高的市场折价，很可能会选择出售质量较差的贷款。也就是说，逆向选择问题依然存在，甚至可能会表现得更为明显。

5.5 结论与政策建议

本章以前面章节所讨论的信息不对称相关理论为基础，结合资产证券化在次贷危机前后的具体表现，对次贷危机条件下的市场信息不对称状况、投资者信心、道德风险和逆向选择相关问题进行了分析与讨论。研究结果表明，资产证券化中的信息不对称问题确实在次贷危机爆发中起到了不可忽略的破坏性作用，而对这些问题的深入分析，则有助于理解次贷危机发生的原因，便于进一步提出应对策略。

首先，资产证券化市场信息不对称状况在次贷危机后出现明显恶化，集中体现在投资者信心在次贷危机前后的巨大变化，其主要原因是与投资者信心密切相关的资产证券化信用评级出现了明显的问题，迫使投资开始质疑评级的有效性，从而使投资者信心在次贷危机中迅速降低，导致资产支持证券需求的大幅减少。次贷危机发生后，虽然评级中存在的一些问题得到一定改善，但并未从根本上解决投资者对评级的"信任危机"。在实际中，评级机构存在的核心利益冲突其实并未完全解决，市场依然未能向投资者提供更为可靠的基础资产质量信号指标，因而投资者信心虽然在一定的政府救市措施下有所回暖，但却未出现明显的恢复，这成为次贷危机后资产证券化市场再次遇冷提供了解释。

  针对次贷危机前后投资者信心的变化及相应问题,监管当局和市场参与主体不仅应关注解决次贷危机中凸显的各个问题,还应从根本上考虑如何保持一个稳定且较高水平的投资者信心。可以考虑改革评级机构的"发行人支付模式",鼓励建立更为独立的第三方评级机制,提供独立、客观的评级结果供投资者参考;可以开发和建立新的基础资产质量指标,在保证资产证券化发行效率的同时,为投资者提供更多的信息指标,减少对评级的依赖;构建资产证券化市场的投资者信心指数,为市场各参与主体和监管当局提供市场状况参考指标;加强信息披露标准,落实对评级机构评级模型历史表现披露的要求,要求评级机构增强对复杂的结构化金融产品的解读,让投资者明确产品的真实结构和风险特性。

  其次,次贷危机中大量住房抵押贷款的违约,让市场清晰地认识到,在大量贷款通过资产证券化转移出表的条件下,贷款发起人放松了对贷款的筛选标准,让许多信用质量较差的借款人进入了市场,从而为次贷危机的爆发埋下了伏笔。资产证券化中的道德风险之所以能够不断积累,不仅与资产证券化有关,更与被高估的市场预期密切相关,且三者之间不断地相互影响,形成恶性循环。次贷危机发生初始,许多贷款发起人就迅速地提升了贷款筛选标准,监管者也提出风险自留的规则以应对道德风险。但是,这并不代表未来道德风险问题不会再次恶化,主要原因是过高的市场预期同样是影响上述问题的重要因素。因此,在针对资产证券化存在的问题进行预防和监管之外,还应密切关注相关市场的动态,积极观测市场预期的变化,对非理性的市场变化进行适当的、及时的纾解与引导。

  最后,在次贷危机中,资产证券化中的逆向选择问题并未简单地如理论预期的那样表现。根据逆向选择原理,资产证券化过程中确实存在逆向选择问题。但是在实际中,表现得最为明显的问题,却是有许多发起人选择自留大量权益级证券或资产以获得高额的收益。在次贷危机中,大量权益级证券的现金流迅速枯竭,权益级证券的持有者损失惨重,进而恶化了整个市场的状况。这种现象很可能表明，资产证券化主体的行为已经出现了明显的扭曲。但是，这种现象并不代表资产证券化中已不存在逆向选择问题。特别是在次贷危机后，为应对高折价和低需求问题，发起人可能更有动机选择证券化低质量贷款。因此，对于这种问题，一方面监管当局不应放松警惕，应更加关注发起人的行为；另一方面，监管当局还应关注增加投资者对资产支持证券的投资需求，提升市场的流动性，以降低发起人出现逆向选择问题的动机。

6

资产证券化与金融监管改革

6.1 引言

资产证券化的特殊设计与其中存在的信息不对称问题，使资产证券化在长期过热的经济背景下积聚了大量的信用风险，并最终导致了次贷危机的爆发。次贷危机发生后，为应对资产证券化中存在的各种问题，国际社会纷纷对资产证券化相关的金融监管进行了改革。IOSCO（2012）对次贷危机后各国资产证券化金融监管发展的调查显示，当前资产证券化监管改革的重点一般集中在四个方面：风险自留（Risk Retention）、信息披露（Disclosure）、资产证券化过程（Process）、信用评级机构问题（CRA Issues）。其中，除信用评级机构问题以外，其他三个方面均可以被视为对资产证券化过程的监管。2015 年，IOSCO 发布了识别简单、透明、可比资产证券化结构的标准，这是对资产证券化过程监管改革内容的又一发展。此外，巴塞尔委员会于 2014 年底发布了修订版资产证券化框架，成为资产证券化监管改革重要的组成部分。

资产证券化监管改革主要针对次贷危机中资产证券化暴露出的问题而设计，为这些问题提供解决途径，改善资产证券化市场中存在的信息不对称状况，减少资产证券化过程中道德风险和逆向选择带来的负面影响。但是，现有改革后的监管准则依然存在不少问题，会对监管实施效果，资产证券化问题的根本解决造成一定影响。

本章主要对次贷危机后资产证券化监管改革进行了梳理和总结，以美国、欧盟以及国际主要监管机构的监管改革为例，对涉及资产证券化问题的各个方面相关监管政策变化进行了较为细致的分析，并对其中可能存在的问题进行了阐述与评价。全文共分为五个部分：第一部分为引言；第二部分为资产证券化过程监管，包括风险自留、信息披露、资产证券化结构三个方面的最新监管改革内容；第三部分为资产证券化信用评级监管，主要对增强评级独立性、减少利益冲突、增强评级机构信息披露、加强评过程监管、降低评级依赖等问题进行了综合分析;第四部分为资产证券化资本管理,主要对巴塞尔委员会对资产证券化框架的最新修订进行了阐述与分析;第五部分为结论与政策建议。

6.2 资产证券化过程监管

6.2.1 风险自留

传统金融中介理论一般认为,为应对资产证券化过程中可能存在的道德风险和逆向选择问题,融资者(发起人)可以通过自留部分资产(资产证券化基础资产)来实现风险共担(Skin in the Game)的效果,从而向投资者传递积极的资产质量信号。在次贷危机发生之前,虽然许多发起人或发行人在进行资产证券化的过程中,会自留一部分风险资产或证券,但是仍然有大量的资产支持证券,特别是次级贷款支持证券被完全出售给投资者。在这种情况下,发起人严格筛选借款人的动机就降低了,信用质量较差的借款人大量涌入市场,信用风险大量累积,导致了次贷危机中大量贷款的违约。次贷危机发生后,借款人筛选放松导致的贷款质量问题引起了监管当局的广泛关注。为应对这一问题,许多国家和地区都出台了风险自留的监管规定。

在美国 2010 年设立的《多德—弗兰克法案》(Dodd-Frank Act)中规定,资产证券化的发起人或发行人在通过发行资产支持证券将资产转移、出售、传递给第三方主体的过程中,应该自留这些资产的部分信用风险[1],且风险自留比例不得低于5%。在符合一定条件时,可以享有对风险自留部分或全部的豁免权。即当资产支持证券的基础资产能够保证资

---

[1] 原文来自 Dodd-Frank Act 中 SEC. 15G. Credit risk retention: "… to require any securitizer to retain an economic interest in a portion of the credit risk for any asset that the securitizer, through the issuance of an asset-backed security, transfers, sells, or conveys to a third party"。

支持证券有非常低的信用风险时,发起人就可以免除风险自留。豁免权涵盖的贷款包括:商业贷款、商业房地产贷款、汽车贷款、住房抵押贷款。此外,当资产支持证券的基础资产为政府保险时,可以免除风险自留。类似地,欧盟在 2010 年发布的资本需求指引(Capital Requirements Directive,CRD)中,也对资产证券化中的风险自留进行了详细规定。不同的是,CRD 的风险自留规定直接作用于资产证券化的投资者——信用机构(Credit Institutions)。CRD 规定,信用机构在投资于资产证券化产品的过程中,只有当发起人、支持人或原始借款人明确披露对证券化资产自留了不低于 5% 的经济利益时,信用机构才能够投资于这些资产证券化产品①。除美国和欧盟以外,许多国家和地区的确也考虑或已进行了风险自留的监管规定或行业实践。如巴西和日本,在实践中,发起人或发行人一般都会选择自留次级证券;德国则采用 10% 的风险自留规则,以修正资产证券化过程中的行为扭曲,减轻发起人与投资者之间的利益冲突。在风险自留的监管规定中,通常都会要求自留的风险资产在资产支持证券存续期间不得对冲、转移和融资,这就保证了风险共担机制的稳定。对风险自留的方法,各国监管则并没有给出非常明确的规定。美国提出,可能的自留方式可以由联邦储备银行自行规定;欧盟相关的监管规定则给出三个可选的自留方法,即持有各个层级价值的 5%(垂直自留),或自行选择自留某个层级证券且自留总额不低于证券化总价值的 5%,或自留次级证券且总额不低于 5%。

资产证券化中的风险自留监管,能够强制性地在发起人和投资者之间建立稳定的风险共担机制,修正资产证券化过程中的发起人行为扭曲,缓解信息不对称带来的道德风险问题,这对维护资产证券化市场健康和整个金融市场的稳定意义重大。但是,风险自留监管中依然存在未解决的问

---

① 原文来自 Guidelines to Article 122a of the Capital Requirements Directive: "A credit institution, other than when acting as an originator, a sponsor or original lender, shall be exposed to the credit risk of a securitisation position in its trading book or nontrading book only if the originator, sponsor or original lender has explicitly disclosed to the credit institution that it will retain, on an ongoing basis, a material net economic interest which, in any event, shall not be less than 5 %".

题：一是风险自留作用效果问题，二是风险自留可能带来的效率问题。在前面章节对次贷危机中资产证券化的讨论中，可以发现，在次贷危机发生前后，许多发起人或发行人在资产证券化过程中对权益级资产或证券进行了自留，但这并没有有效促进发起人提升对借款人的筛选。也就是说，资产证券化中的道德风险问题不仅仅来自风险自留监管的缺陷，很大程度上还取决于其他因素，如宏观经济背景、借款人筛选成本、借款人违约特征等。因此，仅仅加强风险自留监管对解决道德风险问题还是不够的，需要结合针对其他因素的监管措施共同作用。此外，就风险自留本身而言，其发挥的作用效果也会因设计的不同而不同。Fender 和 Mitchell（2009）的研究表明，垂直自留应该是最优的自留方式，但监管规则目前并未对这一方面进行明确的规定。导致这一现状的主要原因则引出了风险自留监管可能存在的另一个问题——资产证券化效率问题。当发起人自留部分风险资产时，会对"真实出售"的认定带来困难。在资产证券化过程中，对资产的真实出售是进行整个资产证券化的基础，是将证券化资产与发起人进行破产隔离的有效机制。但是当风险自留存在时，则将发起人的破产风险传递到了证券化资产，一旦发起人破产，自留的基础资产也将被纳入破产程序进行清算。因此，严格的风险自留很可能为资产证券化带来新的风险，降低资产证券化的效率。

为应对上述问题，也有一些研究提出了相应的解决办法。例如，郭桂霞等（2014）提出，不应采用单一的风险自留比例，应该结合银行和投资者风险特征和市场状况，有区别地设立风险自留比例。吕凯（2013）则认为，为了应对风险自留可能为真实出售带来的损害，可以将风险自留监管主要作用于发行人，而非发起人。总而言之，风险自留监管需要在资产证券化实践的基础上，结合其他市场因素，不断进行发展与完善。

6.2.2 信息披露

解决市场中存在的信息不对称问题，最直接的方法就是增加市场主体之间的信息透明度，即增强信息披露监管。在前文对资产证券化设计的研究中发现，资产证券化是应对市场信息不对称的产物，而资产证券化设计本身又会带来新的信息不对称问题。在次贷危机发生前，资产证券化的这种特性将市场推向了"非理性繁荣"；在次贷危机发生后，又使市场"过度修正"，难以从次贷危机中恢复。针对资产证券化中的信息不对称状况，监管当局在次贷危机发生后都对原有信息披露准则进行了加强。改革后的信息披露准则主要作用于公开发行的资产支持证券，着重于对基础资产的质量信息的披露。具有代表性的有美国的《多德—弗兰克法案》及美国证券交易委员会（Securities and Exchange Commission，SEC）提出的资产支持证券信息披露准则，欧盟 CRD 有关投资者尽职调查与发起人信息披露要求和 IOSCO 于 2012 年出台的公开发行的《资产支持证券信息披露准则》（Disclosure Principles for Public Offerings and Listings of Asset-Backed Securities）、《资产支持证券持续性信息披露准则》（Principles for Ongoing Disclosure for Asset-Backed Securities）。

美国《多德—弗兰克法案》对资产证券化过程中的信息披露内容进行了详细要求，包括要求对发行人提供的数据进行标准化，以实现同类资产之间的数据可比性；要求发行人至少披露资产层面或贷款层面数据，以帮助投资者独立地进行必要的尽职调查，这类信息中还应包括发起人薪酬信息和发起人风险自留比例。欧盟的 CRD 则主要从投资者尽职调查出发，要求投资者在投资资产支持证券前，对其风险特性有全面、清晰的理解，分析并记录包括资产证券化风险特性、发起人表现历史、资产证券化交易结构等各类相关信息。这就要求资产证券化的发行人向投资者披露这些信息，以供投资者完成尽职调查。综合来说，对信息披露准则的改进主要是增加需要披露的资产证券化相关信息类别，强化了披露标准。具体而言，可以分为预先披露（Upfront Disclosure）和持续性披露（Ongoing Disclosure）要求。

预先披露是指在资产支持证券发行之初对相关信息进行的信息披露，一般体现为监管要求的发行计划说明书。虽然市场中资产证券化的投资者仅有很少的零售投资者，但是许多国家和地区监管都对公开发行（Public Offering）的资产支持证券进行了详细的信息披露要求。在美国，相应的信息披露准则建立于 2004 年，并于 2010 年进行了改革。改革内容包括要求资产证券化发行人在 SEC 网站建立资产支持证券交易的相应文档，以供投资者分析决策使用。这一要求增强了投资者对披露信息的可获得性与使用的便利性，实际上增强了资产证券化相关信息对投资者的透明性。欧洲对公开发行的资产证券化信息披露的内容通常包括现金流状况、触发条件、流动性安排和资产支持证券化相关的风险要素等。监管特别提出，要对现金流如何满足发行人对证券所有者的债务、信用增强和次级债务工具、支付分配与优先权进行详细的解释。在欧洲 CRD 的要求下，任何信用机构投资者只有在彻底理解任一资产支持证券的风险特性的情况下才能进行投资。因此，如果资产支持证券的发行人希望将证券出售给欧洲的投资者，就必须提供必要的信息披露以帮助投资者进行必需的尽职调查。但是，现有的信息披露标准在一些特定信息方面，依然存在一定程度的缺失。例如，对于私募融资（Private Placement）中的资产证券化交易，各国监管往往并没有特定的监管要求，对于这类交易的信息披露要求，往往来自交易主体之间的谈判和投资者预期；除 CRD 要求作为投资者的信用机构进行压力测试以外，各监管当局都未对基础资产的压力测试相关信息的披露进行要求；对投资于资产证券化的风险与直接投资于相应资产的风险状况所存在的差异并未要求披露；一般信息披露监管要求对资产支持证券相关的所有风险进行披露，却并未普遍提出简洁性和标准化的要求。

与预先披露相对应的则是持续性披露，指对资产支持证券存续期间证券交易或基础资产状况相关信息的动态披露。一般情况下，持续性信息披露与公开发行的资产支持证券有关。在次贷危机后的金融监管改革中，都强调了信息披露的持续性基础。在美国相关法案的修订中，规定资产证券化发行人必须提供持续性信息披露，并依照规定给出的标准对基础资产的贷款层面数据进行持续性公开披露；在欧洲 CRD 的规定中，要求投资者进行的尽职调查应基于持续性基础，即要求资产证券化发行人对相应的信息进行持续性披露。

不难看出，次贷危机发生后，增强资产证券化信息披露是相应监管改革的重要方向之一。现有的改革措施，关注于提升信息披露的透明度，重视基础资产质量信息的披露，强调持续性披露标准，这对建立信息透明、运行稳定的资产证券化市场至关重要。但是，正如 IOSCO（2012）针对全球资产证券化监管发展的调查显示，监管改革后的信息披露准则依然存在部分缺漏。

第一，加强后的信息披露标准并未涵盖更多有效信息。首先，不同地区的监管改革，对信息披露的标准差异很大，对资产证券化基础资产的质量信息披露标准并未完全达到清晰、具体的程度。其次，对于一些可以从其他途径间接获取的信息，监管并未提出披露要求，但事实上，这些信息可能会为投资者决策带来很大影响。例如，基础资产的压力测试信息，能够体现基础资产在不同情境下的违约表现，但却并未广泛列入信息披露的要求；再例如，资产证券化风险与相应直接资产投资风险之间的对比，虽然可以间接地从其他投资市场的信息中获得，但没有监管规定的信息披露要求，这种风险对比的准确性和投资者进行这种分析的动机都会降低。此外，信息披露监管并未对发起人信息披露提出更多要求。发起人行为不仅与资产证券化结构和市场状况相关，与发起人本身的风险状况也密切相关。例如，通过观测发起人在进行资产证券化过程中的不良率的变化，就可能发现其是否选择了将质量较差的资产证券化出表。

第二，就目前的信息披露监管来看，通常监管当局会规定资产证券化应该披露哪些内容，却并未真正提出一个具有简洁性的标准化的"格式"。在增加了大量披露内容的条件下，未进行标准化的信息披露报告显然可能会影响到信息披露的透明性与使用效率。资产证券化之间的信息对比也变得困难，为投资者进行尽职调查和分析决策带来障碍。IOSCO（2012）的调查显示，市场中的投资者确实希望能够获得标准化的、简明的信息披露报告，因而实现标准化信息披露也成为未来信息披露监管改革的重要方向。

第三，对非公开发行的资产支持证券的信息披露监管在一定程度上仍然缺失。在次贷危机中，许多非公开发行的次级贷款支持证券大量违约，为市场带来重创。因此，相应的信息披露，特别是关乎市场整体风险和稳定性的信息披露不应该被忽略。但由于非公开交易的信息非透明性，对其进行信息披露监管将是未来监管改革的一大难点。欧盟 CRD 提出从投资者方进行监管,要求其对所有资产证券化投资进行尽职调查,这种方法可以一定程度上解决上述问题,可能成为其他国家和地区未来监管借鉴的方法之一。

6.2.3 资产证券化结构

在次贷危机中,被过度复杂化的资产证券化结构备受诟病。由于资产证券化产品创新,使产品结构变得非常复杂、难以理解,加之相关信息披露的缺失,这就为掩盖基础资产真实质量信息和风险状况创造了条件。次贷危机发生后,建立简单、透明的资产证券化结构,成为整个市场的需求。2015 年,巴塞尔银行监管委员会(Basel Committee on Banking Supervision,BCBS)和 IOSCO 联合发布了识别简单、透明和可比(Simple,Transparent and Comparable,STC)的资产证券化标准。2016 年 7 月,巴塞尔委员会正式将 STC 标准纳入资产证券化资本监管框架,区分符合 STC 标准的资产证券化暴露与其他风险暴露,以进行不同的监管资本处理。

STC 标准并非强制性监管规定,不能替代投资者进行尽职调查,但有助于市场建立简单、透明、可比的资产证券化结构。其中,简单性指有相同特性的基础资产所具有的同质性,且交易结构不会过度复杂;透明性能够为投资者提供足够的基础资产信息、交易结构信息以及交易主体相关信息,从而促使投资者能够对资产证券化过程中的风险进行更为全面、彻底的理解;增强可比性能够帮助投资者更好地理解资产证券化投资,使其能够更直观地进行同资产类别内的资产证券化产品比较。总而言之,STC 标准的目标就在于帮助资产证券化交易主体,包括发起人、投资者即其他有信托职责的主体,来评估相同产品下的特定资产证券化中存在的风险。

STC 给出了三大类共 14 条标准用于评判资产证券化结构,如表 6 - 1 所示。如果资产证券化结构符合这 14 条 STC 标准,则表明资产证券化过程的简单性、透明性和可比性能够为市场参与者评估资产证券化交易风险提供有效的帮助。其中,资产风险主要体现在资产证券化基础资产的相关标准。具体内容包括:资产证券化基础资产应该是具有同质性的贷款,应具有合同化的定期支付现金流,其分析与计算无需复杂的公式或深入的分析方法;应提供足够的贷款损失表现数据,以供投资者进行有效的基础资产评估;贷款在加入资产证券化资产池时,要确保不存在违约和其他可能增加预期损失的证据;发起人应确保被证券化的贷款筛选标准与其他贷款保持一致,对出现的贷款筛选标准变动应对投资者进行披露;资产证券化的资产选择应是非持续性的,转移到资产证券化的资产应符合清晰定义的资产选择标准;在新发资产支持证券前,应向投资者披露基础资产风险特征相关信息,并提供持续性贷款层面数据与标准化的投资者报告,以帮助投资者完成尽职调查。

表 6-1　　　　　　STC 标准具体内容①

分类	标准	目标②
资产风险	1. 资产情况	S, T, C
	2. 资产历史表现	T, C
	3. 支付状态	S, T, C
	4. 贷款筛选标准一致性	S, C
	5. 资产选择与转移	S, T, C
	6. 原始数据与持续性数据	S, T, C
结构风险	7. 赎回现金流	S
	8. 资产负债币种和利率不匹配	S, C
	9. 支付优先次序与可观测性	S, T, C
	10. 投票权与强制执行权	S, T, C
	11. 文件披露与法律审查	T, C
	12. 利益共赢	S, C
信托与服务商风险	13. 信托与合同责任	T, C
	14. 对投资者的透明度	T, C

结构风险主要体现在资产证券化结构中的透明度问题。具体内容包

---

① 表格来源于 IOSCO (2015),原表见附录 4。
② S、T、C 分别表示简单性、透明性、可比性。

括：对债务的支付不依赖于对基础资产的出售或再融资，以保证基础资产在短期内不会面临再融资问题；应始终对存在的利率风险和汇率风险进行对冲，且仅允许在对资产负债的利率和汇率风险对冲中使用衍生品；优先级资产支持证券化的有限偿付权应被明确定义，并在资产支持证券的存续期始终保持优先级证券持有者比次优级证券持有者优先获得偿付；与基础资产相对应的投票权与强制执行权应随资产的转移而转移到资产证券化投资者的手中，投资者的权益在任何情况下都应被清晰定义，优先级和次优级证券的投资者权益也应被分清；资产支持证券发行的文件应包含法律、商业信息，以保证投资者能够及时获取、理解、使用相关信息；发起人应自留一部分风险资产，以确保风险共担。

信托与服务商风险则主要体现在资产证券化过程中核心主体的管理状况。具体内容包括：为确保服务商有足够的专业水平，服务商应该为有专业行业经验的管理团队所支持，能够证明可以专业地进行资产证券化基础资产服务，且服务商行为应始终与合理、审慎的准则相统一；承担信托职责的主体应始终保证维护资产支持证券所有者的利益；所有资产证券化主体的义务与职责都应在首次发行的文件和所有信息披露文件中明确定义，对于主体的变动、基础资产质量恶化等信息进行及时的记录与披露，以保证资产证券化过程对于投资者的透明度。

总而言之，STC 标准通过提升资产证券化中的基础资产和交易结构的简单性，可以有效地帮助投资者和监管者对资产证券化的风险进行更为准确的评估。通过提升透明度，可以帮助投资者更容易获得全面、可靠的基础资产与交易结构信息及其表现信息。简单性和透明度两者共同作用，可以帮助投资者进行更为彻底的风险与收益分析。而提升资产证券化交易中特定因素的可比性，更会显著增强资产证券化的评估效果。STC 标准作为次贷危机后最新的资产证券化准则之一，集中体现了次贷危机发生以来各国资产证券化监管改革的特征和市场迫切的需求。无论是对基础资产更为细致的信息要求，还是对资产证券化结构有效性与稳定性的增强，都是针对次贷危机中资产证券化过程中所产生的问题所设立，对解决资产证券化中存在的问题具有重要意义。而对这些问题的解决，根本上是用来改善资产证券化的信息不对称状况，让处于信息弱势的投资者能够获得透明度更高的基础资产和证券结构信息，能够更为准确地对资产支持证券的信用状况进行判断。在市场低迷的情况下，STC标准的建立实施有助于提升投资者信心，有助于资产证券化市场的恢复；在市场迅速上升的过程中，STC标准则有利于维护市场理性，避免在市场繁荣的过程中过度积聚风险。

从另一个角度而言，STC标准的设立及类似监管改革的实施，都有效应对了次贷危机前资产证券化中出现的过度创新问题。在STC标准下，过于复杂的金融创新设计会受到限制，资产证券化产品设计信息更为简单透明，为提升信息透明度创造了重要条件。但是也要看到，在资产证券化兴起之初，金融创新确实为整个资产证券化市场带来了巨大推动作用。当金融创新受到更为严格的监管限制后，其所能提供的风险多样化效果也会受到局限，资产证券化也可能需要付出更高的信息成本，这对活跃资产证券化市场会带来消极的影响。特别是对资产证券化市场刚刚兴起的国家和地区而言，在金融创新水平较低的情况下，如果单纯地限制金融创新的发展，很可能不利于整个市场的多样化发展，限制资产证券化市场的流动性。因此，在STC标准成为未来监管改革重要方向的同时，还需要关注市场合理的金融创新需求，根据市场的实际发展状况，有差别地实施STC标准，在保证资产证券化风险控制在合理范围内的前提下，促进金融创新在市场发展中发挥积极作用。

6.3 资产证券化信用评级监管

6.3.1 信用评级机构监管

次贷危机爆发后，资产证券化信用评级出现了重大问题，信用评级机构在市场中的表现与其带来的影响遭到了质疑。信用评级相关信息披露的非透明性、评级模型存在错误和评级过程中存在的利益冲突，成为引发市场对信用评级"信任危机"的主要原因。而出现的这些问题，都与信用评级机构（Credit Rating Agency，CRA）存在紧密的联系。因此，在次贷危机后的金融监管改革中，对信用评级机构监管准则的修订与补充成为各国监管当局关注的重点。

次贷危机发生后，美国SEC很快就开始着手对《信用评级机构改革法案》（Credit Rating Agency Reform Act）进行改革与修订，增强了信用评级机构的信息披露准则与信息范围，提升了信用评级质量的透明度，加强了信用评机构中的问责制。随着2010年《多德—弗兰克法案》的通过，美国进一步确立了对信用评级机构更为严格的监管方向，其中包括增强对信用评级机构的信息披露要求，提升信用评级独立性和减少信用评级中存在的利益冲突。欧盟则在建立完整信用评级机构监管体系的基础上，在2009年至2013年历经多次修订（CRA Ⅰ、CRA Ⅱ、CRA Ⅲ），提升了对信用评级机构的监管要求。与美国与欧盟监管改革相对应的还有IOSCO对《信用评级机构基本行为准则》（Code of Conduct Fundamentals for Credit Rating Agencies）的修订，同样强调了提升信息披露、强化监管措施、改善利益冲突等改革方面。综合来讲，次贷危机后对信用评级机构监管的改革主要集中在三个方面：提升信息披露标准、增强评级独立性、加强对评级过程的监管。

在实践中，信用评级机构往往会对评级所使用的方法进行披露，但这种信息披露并不足以让投资者准确地判断信用评级是否正确地反映了实际的风险水平。因此，改革后的监管准则要求信用评级机构增加对评级历史表现的信息披露，以帮助投资者分析判断信用评级机构所给出的信用评级结果的准确程度；对信用评级方法、流程的披露标准则更为严格，评级对方法和模型的选择、评级方法的变动、其他相关信息等均在要求的披露范围内。值得一提的是，欧盟提出的建立信用评级表现资料库的要求，能够帮助投资者更为便利地进行分析和判断，对提升信用评级过程透明度具有积极的作用，也成为其他监管当局进行进一步改革的重要借鉴。

在资产证券化信用评级的过程中，投资者和信用评级机构之间存在着明显的利益冲突问题。特别是信用评级机构在对资产证券化进行评级的过程中，往往会向发行人提供咨询服务，对信用评级的独立性造成了损害。为了避免利益冲突，保证信用评级过程的独立性，改革后的监管准则要求信用评级机构加强公司治理，包括强化内部控制、严格董事会在评级审批中的独立作用、评级分析师的强制轮换等内容。特别的是，监管要求信用评级机构在评级过程中，评级分析师不得为评级委托人（发行人）提供咨询服务，评级业务营销行为不得影响信用评级结果，从而减少利益冲突。

信用评级过程中还存在一个明显的问题，就是存在明显的模型错误。次贷危机发生前，依赖于长期积极的宏观经济历史数据，评级模型假设宏观经济和金融市场的环境总是保持一定既有的趋势，并未考虑未来系统性风险可能带来的巨大压力。因此，对信用评级模型进行合理的验证非常必要，直接影响着评级结果是否合理、准确，能否反映真实的风险状况。改革后的监管准则针对评级模型的验证也进行了规定，要求评级机构进行相关信息的披露。此外，美国和欧盟的监管改革中，还特别设立了对信用评级机构的问责制。当信用评级机构在评级活动中存在重大过失或欺诈行为时，投资者可以追究其法律责任。这一规定会迫使信用评级机构更为谨慎地进行信用评级，预防信用评级机构在评级过程中选择具有明显错误的模型方法，或进行有损于评级结果公正的行为。

6.3.2 降低评级依赖

信用评级之所以会成为引发市场危机的重要原因，与资产证券化市场对评级的过度依赖密切相关。资产证券化信用评级作为第三方机构提供的重要风险评价指标，不仅成为判断证券风险特性的标准，更成为进行证券投资的指引。与此同时，许多监管准则也存在着评级依赖的问题，将信用评级作为评估资产证券化风险暴露的重要指标。降低市场对信用评级的依赖程度，则更多地需要从监管方和评级的使用方面着手。

美国《多德—弗兰克法案》要求，美国的监管机构必须对需要依赖于信用评级的监管准则或要求进行修订和更改，设立新的信用评估标准，以取代信用评级在评估信用风险中的引用，从而达到去除评级依赖的目的。类似地,欧盟在对信用评级机构监管法规的改革中,也要求对各监管准则进行评估与修订,去除其中存在的对信用评级的依赖。欧盟在监管修订中还特别强调了降低市场对信用评级依赖的措施。监管要求规定,金融机构应自主进行信用风险评估,不得将外部信用评级作为唯一信用评价指标。此外,巴塞尔委员会在对资产证券化框架的修订中,也很大程度地降低了相关资本计量对信用评级的依赖。

6.3.3 信用评级监管发展趋势

在信用评级监管不断改革和更新的过程中,特别是在 IOSCO 对信用评级监管准则进行修订的过程中,国际上许多国家的监管当局都给予了积极的响应。在经历了次贷危机的重创之后,能够对资产证券化信用评级过程中出现的问题进行改善和解决也是资产证券化市场恢复和发展的需要。因此,在次贷危机后的金融监管改革中,对信用评级中信息披露、利益冲突和评级依赖等方面的监管措施将是各国推进相关准则设立、修订的重点。此外,IOSCO 在信用评级监管改革过程中提出,要建立跨境监管合作机制,对不同国家和地区范围内的评级监管政策、监管效果、评级实践(包括评级方法和模型、评级机构的内控机制、利益冲突状况)等信息进行交流共享,以便更好地了解信用评级在跨境金融活动中所面临的风险。

推行信用评级监管改革是大势所趋,但就目前相应监管准则的实施状况而言,并未完全解决信用评级中存在的问题。首先,更为严格的行为准则并未获得信用评级机构的广泛支持,IOSCO 在 2009 年的一项调查中显示,21 家主要信用评级机构中仅有 7 家执行了 IOSCO 发布的新的行为准则,其余 14 家甚至表示并不打算按照 IOSCO 的要求修订自身的行为准则。这种情况表明,在面对新的信用评级监管准则时,信用评级机构的态度很可能是消极的,这无疑会对监管改革的实施效果造成负面的影响。其次,在现有的宏观审慎监管框架下,还没有形成有效的、市场认可程度高、能够完全替代信用评级的信用评估指标,资产证券化投资者对信用评级的依赖在短时间内还无法消除;监管准则对外部信用评级因素的减除,虽然为金融机构自主进行信用评估创造了条件,但即使是大型金融机构,其数据基础也并不一定能够保证内部评估的有效性。最后，对信用评级的监管改革并未从根本上改变信用评级过程中利益冲突存在的根源——发行人支付模式。只要发行人支付模式继续占据资产证券化信用评级的主导地位，就难以避免信用评级机构为争取客户业务而提供过高的信用评级。而现有改革后的监管准则，虽然对这一问题进行了一定的引导，但并没有采取更为有效的措施。这些问题，都很可能成为未来信用评级监管改革关注的重点。

6.4 资产证券化资本监管

6.4.1 基本介绍

资产证券化作为 20 世纪最为活跃的金融创新之一，在银行业的资本监管发展历程中始终占有一席之地，并随着资本监管的改革不断地进行着修正与更新。从 1992 年巴塞尔委员会发布《资产转让与证券化》开始，资产证券化开始被纳入资本监管的视野。1999 年，新资本协议第一次征求意见稿发布，正式将资产证券化纳入资本监管范围，形成较为完整的资产证券化资本监管框架。在之后的几年，随着新资本协议的修订，以及资产证券市场的变化，资产证券化框架几经修订，最终于 2006 年 6 月形成较为完善的框架。

表 6-2　　巴塞尔委员会资产证券化资本监管发展历程

发布时间	巴塞尔委员会关于资产证券化的文件与草案
1992 年 9 月	资产转让与证券化（Asset Transfers and Securitisation）
1999 年 6 月	新资本协议第一次征求意见稿（The New Basel Capital Accord First Consultative Paper）
2001 年 1 月	新资本协议第二次征求意见稿和资产证券化补充文件（The New Basel Capital Accord Second Consultative Paper and Asset Securitisation: Supporting Document to the New Basel Capital Accord）

续表

发布时间	巴塞尔委员会关于资产证券化的文件与草案
2001 年 10 月	资产证券化处理工作报告（Working Paper on the Treatment of Asset Securitisation）
2002 年 10 月	第二资产证券化工作报告（Second Working Paper on Securitisation）
2003 年 4 月	新资本协议第三次征求意见稿（The New Basel Accord Third Consultative Paper）
2004 年 1 月	资产证券化框架的变化（Changes to the Securitisation Framework）
2004 年 6 月	新资本协议修订稿（International Convergence of Capital Measurement and Capital Standards: A Revised Framework）
2006 年 6 月	新资本协议修订稿完全版（International Convergence of Capital Measurement and Capital Standards: A Revised Framework Comprehensive Version）
2009 年 7 月	新资本协议修正框架（Enhancements to the Basel II Framework）
2014 年 12 月	资产证券化框架修订稿（Revision to Securitisation Framework）

2007 年次贷危机爆发后，新巴塞尔资本协议下的资产证券化框架暴露出了诸多问题，资产证券化风险暴露出的计提资本不够充足的问题引起了市场的广泛关注。巴塞尔委员会认为，次贷危机中资产证券化框架的问题主要表现为：机械地依赖于外部评级；对高评级的资产证券化暴露给予过低的风险权重；对低评级的优级资产证券化暴露给予过高的风险权重；存在"悬崖效应"（Cliff Effect）；整个框架的风险敏感性不足。具体而言，《巴塞尔协议 II》下的资产证券化框架更多地依赖于外部评级，并依据外部评级对相应的暴露给予风险权重。这样做的问题在于，资产证券化信用评级的准确性会直接影响监管资本的计提，市场中对优级资产支持证券的过高评级，导致相应的资本计提并没有充分地体现风险暴露所具有的实际风险水平，或者说得出的监管资本额并不充足。在次贷危机发生时，随着大量贷款的违约，许多资产支持证券评级下调，进而要求银行迅速提高资本计提，导致银行在遭受巨大损失的同时，还面临着严峻的筹资需

求，从而进一步促使银行的财务状况恶化，风险不断蔓延至整个市场，信用评级可能因此进一步下调。这样由信用评级下调引起的剧烈的连锁反应，就是所谓的"悬崖效应"。

《巴塞尔协议Ⅱ》下的资产证券化框架所暴露出的问题，直接导致巴塞尔委员会着手进行资产证券化框架的修订。经过两轮意见征求，巴塞尔委员会于2014年12月最终确定了资产证券化框架修订稿（Revision to Securitisation Framework），成为《巴塞尔协议Ⅲ》的重要组成部分，并预计于2018年1月生效。在资产证券化框架的修订过程中，充分考虑了风险敏感性、简单性和可比性，以实现更为准确地计量资产证券化暴露监管资本的目的。修订后的资产证券化框架的风险敏感性会显著提升；在保证尽可能采用简单方法的条件下，方法更为审慎；通过资本要求提升对银行的激励，促进风险管理的改善；修订同时也考虑了资产证券化框架的透明度，以及不同银行或地区之间的可比性。

6.4.2 主要修订内容

6.4.2.1 层次结构（Hierarchy）

依据对资产证券化基础资产暴露所采用的信用风险处理方法，《巴塞尔协议Ⅱ》的资产证券化框架分为两个层次。当银行对组成资产证券化基础资产的资产类别采用标准法时，使用标准法资产证券化框架；当银行采用内部评级法时，则使用内部评级法资产证券化框架。一般情况下，计量条件和经验不足的银行往往会采用标准法，并基于银行在资产证券化过程中所承担的职责（发起人、投资人、第三方机构），对相应的风险暴露采取不同的处理。经验丰富、条件具备的银行通常采用内部评级法，可以采用计量模型等手段对资产证券化暴露进行更为精细的评估。

其中，标准法对资产证券化暴露使用信用转换系数转换为信用等值额，然后乘以相应的风险权重；如果风险暴露已被评级，信用转换系数则为100%，采用外部评级相对应的风险权重。内部评级法则包括三种方法：评级基础法（Rating-Based Approach，RBA）、内部评估法（Internal Assessment Approach，IAA）、监管公式法（Supervisory Formula Approach，

SFA)。评级基础法与标准法类似,但是将外部评级进行了进一步的细分,增加了风险敏感性。当资产证券化评级存在外部评级,或可以推出评级时,必须使用评级基础法。内部评估法主要适用于资产支持商业票据。监管公式法要求银行自行计算相关指标,进而通过监管公式得出资本要求,一般只有少数风险管理水平很高的银行才会使用。

《巴塞尔协议Ⅱ》的资产证券化框架体现出明显的评级依赖问题,且资本要求处理方法较为复杂,不利于实施。针对这些问题,《巴塞尔协议Ⅲ》对层次结构进行了修订,精简了相应的处理方法。修订后的层次结构主要分为三层,即资产证券化内部评级法(SEC – IRBA)、外部评级法(SEC – ERBA)和标准法(SEC – SA)。SEC – IRBA位于层次结构的最顶端,其基础模型为简化的监管公式法(Simplified Supervisory Formula Approach,SSFA),银行采用SEC – IRBA的条件与《巴塞尔协议Ⅱ》资产证券化框架下采用监管公式法的要求相同,即有监管当局批准的内部评级模型和足够估计核心变量的信息数据。当银行不满足使用SEC – IRBA的标准时,则必须采用SEC – ERBA,基于外部评级计算资本需求。当银行无法使用上述两种方法时,则可以采用SEC – SA,这种方法与之前的标准法相比,表现得更为保守。如果银行不适用于任一种方法,则直接采用1250%的权重。

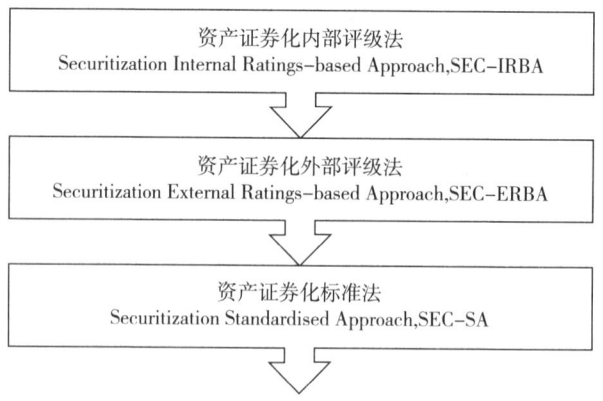

图6-1 资产证券化框架层次结构

6.4.2.2 处理方法(Approaches)

在《巴塞尔协议Ⅱ》的资产证券化框架下,SFA方法和RBA方法都并未在期限调整方面作出明确的规定。巴塞尔委员会认为，这是《巴塞尔协议Ⅱ》资产证券化框架中存在的显著缺陷。在 SEC – IRBA 和 SEC – ERBA 的设计中，则对期限调整进行了细致的规定，进而取代了原框架中的 SFA 方法和 RBA 方法。

SEC – IRBA 是由原框架中的 SFA 方法发展而来的。由于在 SFA 方法中，资产证券化暴露的期限仅在计算资本要求的过程中被部分地考虑到，完整的期限因素并未完整地包括在 SFA 方法下的资本计量中，从而导致了严重的"悬崖效应"。具体而言，SFA 方法主要基于一年期的违约模型，因而并不能准确地反映各层级证券未来由于基础资产质量恶化而引发损失的可能性。在这种模型方法下，实际上包含了一个隐含的假设，就是在所有次级证券的价值降为零之前，较高层级的证券不会面临任何损失。为解决上述问题，巴塞尔委员会在 SFA 方法的基础上，加入了层级的期限作为新的风险驱动因子。

在原框架中的 RBA 方法下，主要依据资产证券化层级的外部评级和基础资产的粒度（Granularity）与优先级（Seniority）来确定资产证券化暴露的风险权重。相对于 RBA 方法，SEC – ERBA 则加入了更多的风险驱动因子来确定恰当的风险权重。研究发现，对同样等级的中间层级，相应的资本要求应随着其厚度（Thickness）的不同而有所区别。因此，SEC – ERBA 在 RBA 方法的基础上，对于非优先级层级加入了层级厚度（特定层级的规模在整个资产支持证券中的占比）因子，以提升对非优先级层级资本计量的准确性。由于期限是影响预期损失和非预期损失的重要因素之一，所以 SEC – ERBA 将期限作为风险驱动因子，加入到整个资本要求计算的过程中。此外，考虑到信用评级机构在对资产证券化评级过程中已考虑了粒度的因素，因而巴塞尔委员会将原 RBA 方法中的粒度因子从整个方法中删去。

6.4.3 修订影响与评价

修订后的资产证券化框架对原框架进行了显著的改进，将原有的四种资本计量方法修改为三种，减少了层次结构的复杂性，改善和修正了处理方法，提升了资产证券化暴露监管资本计提的准确性和风险敏感性。在新的框架下，层级结构的应用不再取决于银行在资产证券化中所扮演的角色，也不受银行对基础资产所采用的信用风险处理方法的影响；银行选择哪一个层级的处理方法只取决于两个因素，一是所需的信息条件是否满足，二是银行对特定交易所能进行的分析与估计。这就为银行在资产证券化监管资本计量中提供了更多的自由度，有助于银行根据实际情况选用最佳方法。在对原框架进行了大幅修订后，对外部评级的依赖程度减少，外部评级不再是层次结构中的最顶端；在各个方法的设计中，还加入了其他的风险驱动因子，从而弱化了对评级的依赖。修订后的资产证券化框架会显著提升资产证券化暴露对应的监管资本要求，从而提升监管的风险敏感性与审慎性。

作为巴塞尔协议Ⅱ向巴塞尔协议Ⅲ改革的一部分，资产证券化框架的修订无疑也是"次贷危机的产物"，对次贷危机中资产证券化爆发出的问题提出了具有很强针对性的措施。这次的修订可以有效地改善之前资产证券化框架中存在的过度评级依赖、资本计量不准确的问题；对整体框架和处理方法的简化，也对应了资产证券化在次贷危机后进行简单性、透明性和可比性的发展潮流。因此，资产证券化框架的修订是必要的，对恢复稳健的金融市场环境具有重要意义。但是，在修订的过程中，也有不少专家学者指出，修订后的资产证券化框架可能存在过于保守的问题，过高的资本要求可能会损害银行参与资产证券化交易的积极性，这可能不利于整个资产证券化市场的恢复与发展。此外，修订后的框架在给予银行更多自由度的同时，也可能带来监管差异性问题。巴塞尔委员会于2012年启动了监管一致性评估项目（Regulatory Consistency Assessment Programme，RCAP），对国际活跃银行进行了监管差异性的评估。在这一背景下，巴塞尔委员会从2014年底开始对巴塞尔协议Ⅲ进行新一轮的修订。因此，修订后的资产证券化框架可能在未来依然面临着进一步的修订，以解决可能存在的监管差异性问题。

6.5 结论与政策建议

对资产证券化的监管改革,能够有效地应对资产证券化市场与资产证券化过程中存在的信息不对称问题。风险自留监管准则的设定,为资产证券化过程建立了稳定的风险共担机制,防止道德风险的发生;信息披露的加强,则会增加市场的透明度,改善市场中的信息不对称状况;建立简单、透明、可比的资产证券化结构识别标准,则是对信息不对称问题的综合改进,对资产证券化设计结构、交易结构和市场行为提出了更高的要求,对修正资产证券化参与主体的行为扭曲、提升风险管理动机具有重要意义。资产证券化监管改革会为提升投资者信心创造良好条件,这不仅体现在资产证券化过程监管中,还体现在对信用评级监管标准的修订中。一方面,监管当局通过增强对信用评级机构的监管,来确保信用评级结果的独立性和准确性;另一方面,监管当局尽量降低监管准则和市场对信用评级的依赖,从而降低信用评级可能对投资者和监管当局的分析决策,乃至整个市场稳定的影响。对资产证券化资产监管框架的修订,则解决了对资产证券化风险暴露资本计提过低的问题,并在一定程度上减弱了对评级的依赖,对维护市场稳健有重要的作用。

可以看到,次贷危机后对资产证券化的一系列的监管改革具有非常重要的意义,这不仅很大程度上解决了次贷危机中资产证券化所暴露出来的诸多问题,更有助于建立一个信息更透明、资产证券化结构更合理的良好市场,以促进资产证券化市场的恢复与发展。但是,也应看到,现有资产证券化监管改革依然存在的不足。在风险自留监管中,风险自留的方式选择以及相应的作用效果依然存在疑问,而风险自留可能带来的效率问题目前还没有良好的解决办法;改革后的信息披露标准并未涵盖更多的有效信息,现有的信用披露标准缺乏简洁、标准化的格式,对非公开发行的资产支持证券的信息披露监管仍存在缺失;修订后的资产证券化资本监管框架可能存在过于保守的问题，新的规定可能引起监管差异性问题；新的信用评级机构准则并未完全获得信用评级机构的普遍认可，作用效果有限；目前对信用评级的依赖问题还无法从根本上解决；信用评级中发行人支付的模式在改革中并未有所改变，依然可能引发利益冲突。总体而言，资产证券化监管改革基本上还是基于原有监管体系进行修正和补充，并未完全触及资产证券化过程中存在的一些根本性问题，因而其实施的效果并不明确，其未来也很有可能面临着进一步的革新。

根据以上的研究分析，首先需要确认的是，次贷危机后对资产证券化进行监管改革是必要的，而且应该借鉴国际监管改革的经验，以应对资产证券化市场迫切的需要，对存在的问题进行有针对性的解决。同时，也应该考虑具体的实践情况，结合资产证券化发展的根本需要，在监管改革中继续进行必要的革新。

在进行风险自留监管准则设定时，不仅要考虑风险自留设计原理本身带来的效果，还应结合资产证券化实践的特征，考虑所处的宏观经济背景，在保证不会过分损害资产证券化发起人积极性和导致过多真实出售相关的法律纠纷的背景下，严格执行自留监管标准。在增强信息披露的过程中，要根据投资者分析的实际需要，将那些非常有利于投资者决策判断的信息纳入披露范围内，例如，对基础资产压力测试的结果进行披露，帮助投资者清楚了解压力状况下的风险水平；尽可能为投资者提供更为便利、透明的信息条件，如设置标准化信息披露格式，建立公开信息数据库等。在对资产证券化过程的监管中，还可以参考欧盟的监管办法，从投资者（信用机构）入手，对投资者的尽职调查、投资标准进行严格的规定，并提供清晰的资产证券化结构判断标准，从而迫使资产证券化中的其他交易主体（公开发行和非公开发行）披露足够的信息、自留足够的风险。

在对信用评级监管进行改革的同时，确保对信用评级机构的观测与管理，通过设立强制性法律、法规、监管标准的方式，最大限度地保证监管实施的有效性。鼓励信用评级机构逐渐转变发行人支付的业务模式，寻求建立更为独立的、具有公益服务性的评级体系，为资产证券化投资者提供更为公正、准确的评级结果。鼓励金融机构建立长效机制，收集所需数据，构建分析方法与模型，对资产证券化信用风险进行有效的内部评估，从而减少对外部信用评级的依赖。此外，发现和建立能够间接体现资产证券化风险水平的指标体系，例如，通过观测和度量发起人在证券化出售行为之后的不良率变化，来分析发起人是否将信用质量较差的贷款资产进行了证券化。

而在对资产证券化资本监管框架的采纳中，同样需要考虑监管实施的实际情况，平衡资本监管的稳健性与资产证券化市场参与积极性之间的关系。特别是对于我国这种资产证券化刚刚兴起的国家，需要特别注意现有的资产证券化框架是否适合我国现阶段的发展需要，得出的资本要求是否会高估或低估风险。总而言之，资产证券化本身具有的复杂性，使相应的监管难以达到"简单易行"的效果，这也决定了在进行资产证券化监管改革中，需要紧密结合实践情况和市场需求，在控制风险的同时，保证整个市场的正常运行。

7
资产证券化信息不对称问题对我国的启示

7.1 引言

从 2005 年我国信贷资产证券化试点开始，我国信贷资产证券化市场经历了十多年的发展，逐渐进入了快速发展的阶段。我国信贷资产证券化发展起步晚，具有与西方成熟资产证券化市场不尽相同的市场特征。结合我国金融行业发展特点和信贷资产证券化市场的现状，不难发现，次贷危机中为国际资产证券化市场广泛关注的信息不对称问题在我国信贷资产证券化市场中的表现也呈现一定的特点。这些特点使我国在发展信贷资产证券化市场的过程中，不仅需要借鉴国际资产证券化的发展经验，还需要切实考虑我国的实际问题。

本章正是在分析我国信贷资产证券化发展特征的基础上，结合前面章节对资产证券化信息不对称问题的研究，对我国信贷资产证券化中存在的信息不对称问题、市场发展机制、监管制度创新与改革进行了深入分析与研究，以期从信息不对称的视角，对我国信贷资产证券化的发展进行梳理与分析，对市场未来发展进行展望并提供有效的监管政策建议。

本章共分为五个部分：第一部分为引言；第二部分主要介绍我国信贷资产证券化发展现状，包括对发展历程、市场特征和监管现状的分析；第三部分为我国信贷资产证券化中的信息不对称问题分析，主要对我国信贷资产证券化设计与投资者信心的关系、资产证券化中是否存在逆向选择与道德风险进行了讨论；第四部分为国际资产证券化实践对我国信贷资产证券化发展的启示，包括对市场发展、危机预防、监管改革的分析与讨论；第五部分为结论与政策建议。

7.2 我国信贷资产证券化发展现状

7.2.1 发展历程

从 2005 年至今，我国信贷资产证券化发展历经了十多年的"坎坷"，在曲折和反复中逐渐成长了起来，成为未来最具有发展潜力的市场之一。在我国信贷资产证券化的发展历程中，主要受到了国家政策规定的引导与影响，因而其发展阶段也与各个时期国家政策的出台密切相关。具体而言，我国信贷资产证券化发展主要经历了三个阶段，即试点期、停滞期和发展期。

2005 年 2 月 26 日，国务院正式批准在我国开展信贷资产证券化的试点。随后，人民银行和银监会发布了《信贷资产证券化试点管理办法》，我国信贷资产证券化发展正式启程。这一时期又可以分为两个试点阶段。从 2005 年正式试点开始至 2007 年 4 月，为第一阶段试点期，共有 5 期信贷资产支持证券发行，发行总额为 187.7 亿元。其中，3 期信贷资产支持证券由国家开发银行、中国建设银行发起，2 期由中国信达和东方资产管理公司发起；基础资产为企业贷款、不良贷款和个人住房贷款。从 2007 年 5 月至 2008 年 12 月，为第二阶段试点期，共有 12 期信贷资产支持证券发行，发行总额为 480.1 亿元，与上一阶段相比，增长了 155.8%。其中，发起机构除了国有大型商业银行与资产管理公司以外，还加入了 4 家股份制商业银行、1 家城市商业银行和 1 家汽车金融公司；基础资产增加了汽车贷款。总体而言，在试点期，信贷资产支持证券的发行规模较小，但发展速度较快；基础资产的种类较少，以企业贷款为主导；发起机构主要以国有大型金融机构为主，股份制商业银行、城市商业银行等其他金融机构逐渐加入市场。

2007 年至 2008 年，国际上爆发了严重的金融危机，资产证券化市场受到了重大冲击。受金融危机的影响，我国从2009年开始，暂停了信贷资产证券化的试点，进入了为期3年多的发展停滞期。

2012年5月17日，人民银行和银监会联合发布《关于进一步扩大信贷资产证券化试点有关事项的通知》，我国的信贷资产证券化得以重启，并步入发展期。这一时期，又可划分为初步发展阶段和快速发展阶段两个阶段。在初步发展阶段，即2012年至2013年，在重启信贷资产证券化的政策支持下，市场重新恢复了生机，信贷资产支持证券的发行数量和总额迅速回升。在这一阶段，共发行了11期信贷资产支持证券，发行总额为359.3亿元。但是，由于具体政策还未完全落地，市场前景依然不明，信贷资产证券化的发行水平并未恢复到停滞期以前的水平。发起人构成与第二阶段试点期类似，仅有城市商业银行退出了发起人行列，基础资产则新增铁路专项贷款。2013年6月19日，国务院常务会议出台了推进信贷资产证券化常规化发展的政策，并在国务院于7月1日发布的《国务院办公厅关于金融支持经济结构调整和转型升级的指导意见》中明确提出，"逐步推进信贷资产证券化常规化发展，盘活资金支持小微企业发展和经济结构调整"。在积极的政策激励下，我国信贷资产证券化市场出现了"井喷"式增长，进入快速发展阶段。在这一阶段，仅2014年，信贷资产支持证券的总发行数量达到67期，发行总额为2827.8亿元。2014年11月20日，银监会发布《关于信贷资产证券化备案登记工作流程的通知》，正式开始信贷资产证券化备案制的实施，进一步鼓励金融机构开展资产证券化业务。截至2015年底，全年总发行数量达到101期，发行总额为3839.8亿元。此外，在发展期，除了发行量的快速增长以外，发起机构的构成也出现了重大的变化，特别是许多中小型城市商业银行、农村商业银行参与到了信贷资产证券化的市场中来，成为不可忽视的发起机构群体。此外，基础资产仍然以企业贷款为主，但也出现了信用卡贷款、消费性贷款、租赁资产等类别，这成为这一时期信贷资产证券化发展的又一特征。

总体而言，在经历了试点期、停滞期后，我国信贷资产证券化已经进入了快速发展的时期。预计未来几年，在积极政策的激励与引导下，我国

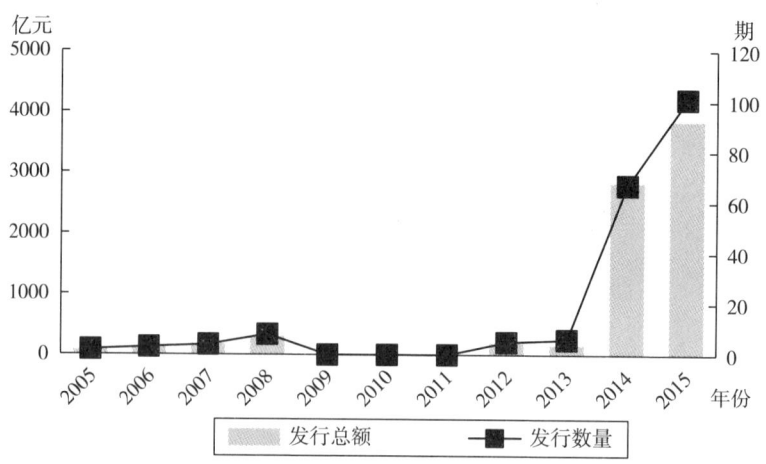

图 7-1 我国信贷资产证券化发行统计①

信贷资产证券化会继续保持较高的增速，发行规模不断增加，市场更为活跃，发起机构中国有大型金融机构与其他金融机构的构成会更为均衡，基础资产的种类会更为丰富。

7.2.2 市场特征

就目前我国信贷资产证券化市场的整体状况而言，市场最为显著的特征是整体规模增长迅速，但市场发展仍处于初级阶段。我国信贷资产证券化的市场规模不足整个债券市场规模的 1%，即使是在 2014 年、2015 年飞速发展的背景下，信贷资产支持证券余额仅占债券市场总余额的 0.85%。与之相比，在成熟的美国资产证券化市场，其资产证券化的余额总量在债券市场的总量中占比长期为 25% 以上，即使是在次贷危机发生后，资产证券化市场长期疲软的状态下，资产支持证券占比仍然达 25.9%。

从量的角度来看，我国信贷资产证券化市场的发展还远远没有达到应有的规模，其对整个金融市场所能起到的作用也非常有限。而从发展的影响因素来看，我国目前信贷资产证券化的发展主要还是依托于政府政策的

---

① 资料来源：Wind 数据库。

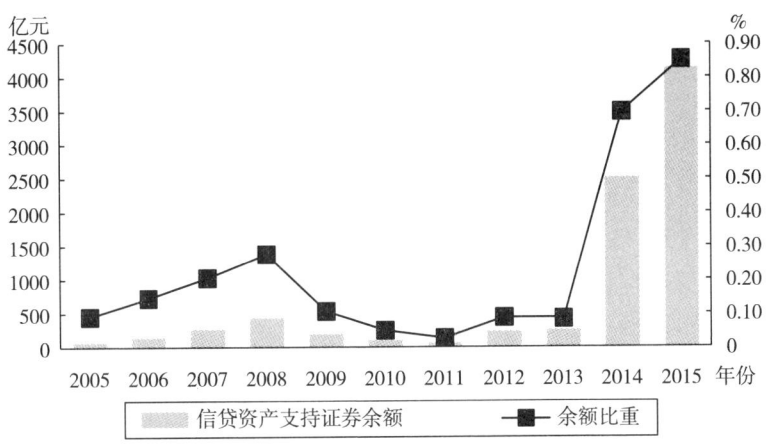

图 7-2　我国信贷资产证券化存量统计①

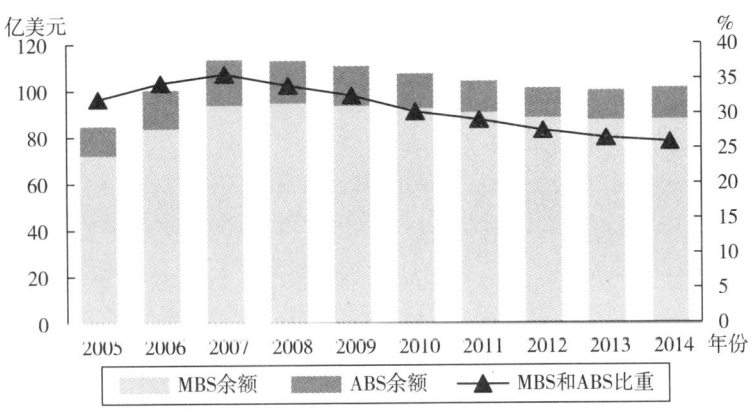

图 7-3　美国资产证券化存量统计②

刺激与支持，一旦政策改变，整个信贷资产证券化市场可能会受到剧烈的影响。美国的资产证券化市场则更符合市场的变动规律，资产证券化的规模会随着市场状况的改变而自行调整。不难看出，无论是规模的建设还是

---

① 资料来源：Wind 数据库。余额比重为信贷资产支持证券余额除以债券市场总余额的百分比。
② 资料来源：http://www.sifma.org。其中，MBS 指由 GSEs 和私人发行的 MBS 与 CMOs，ABS 指资产支持证券，包括所有种类的 CDO、MBS 和 ABS 比重则是将 MBS 余额与 ABS 余额相加，除以债券市场总余额所得的百分比。

健康市场机制的形成，我国信贷资产证券化市场都还远远没有达到成熟的标准，未来的发展也势必会是一个相对长期、不断变革的过程。

我国信贷资产证券化发行规模增长很快，但是二级市场流动性不足，主要表现在二级市场长期较低的成交量。截至2015年底，根据Wind数据库的统计，在银行间债券市场、上海证券交易所的信贷资产证券化交易量共计27.77亿元，交易资产支持证券618只。其中，有3只信贷资产支持证券于上海证券交易所成交，成交金额为0.19亿元，其余均在银行间债券市场成交。美国资产证券市场在经历了次贷危机重创之后，在2014年达到低点，机构MBS交易量为1780亿美元，非机构MBS交易量为37亿美元，ABS交易量为15亿美元。与之相比，我国信贷资产证券化二级市场的交易还非常不活跃，投资者对信贷资产支持证券并未表现出与一级市场迅速膨胀所对应的投资热情。导致这一现象出现的原因主要包括两方面：一方面，我国债券市场的投资者群体相对单一，市场定价能力和交易策略相对不足，现有资产支持证券的收益对其吸引力较小；另一方面，我国现有信贷资产证券化市场无论是监管制度方面，还是市场运行机制方面，都还很不成熟，对投资者进行风险分析和投资决策均造成影响，投资者对信贷资产证券化市场的信心不足。

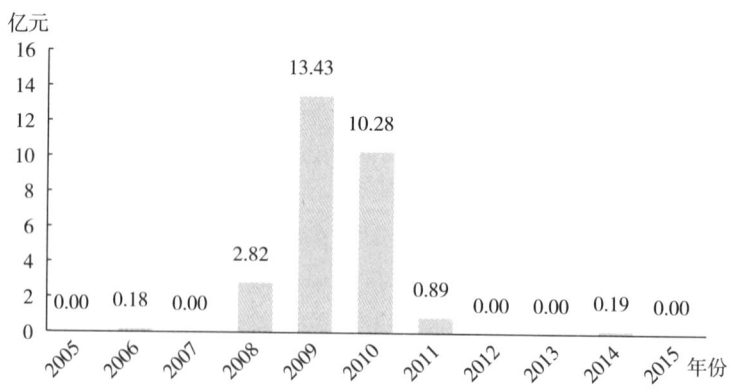

图7-4　我国信贷资产支持证券二级市场成交额

我国信贷资产证券化市场的产品种类有限，基础资产的分类较少。截至2015年底，我国信贷资产支持证券的基础资产包括企业贷款、汽车贷款、个人住房贷款等 8 类贷款。其中，企业贷款为最主要的基础资产类型，企业贷款的资产支持证券发行总额占总体发行额的 76.6%。消费类贷款（包括汽车贷款、信用卡贷款、消费性贷款）为基础资产的信贷资产支持证券的发行从 2014 年开始增长，成为市场中新的增长点。个人住房抵押贷款作为传统信贷资产证券化基础资产的重要组成部分，在近两年的市场发展中有所增长。与之相比，截至 2015 年底，美国 MBS 的发行总额占总资产证券化发行总额的 89.9%①，这与我国以企业贷款为基础资产的 CLO 为主的发行结构存在明显不同。由于次贷危机中 MBS 出现了大量问题，其产品和交易者所存在的巨大风险为投资广泛关注。因此，在我国这样新兴的资产证券化市场中，谨慎地进行 MBS 的发行是可以理解的。此外，以优质的企业贷款为主要基础资产发行信贷资产支持证券，也与现行相关政策和监管的要求有关。

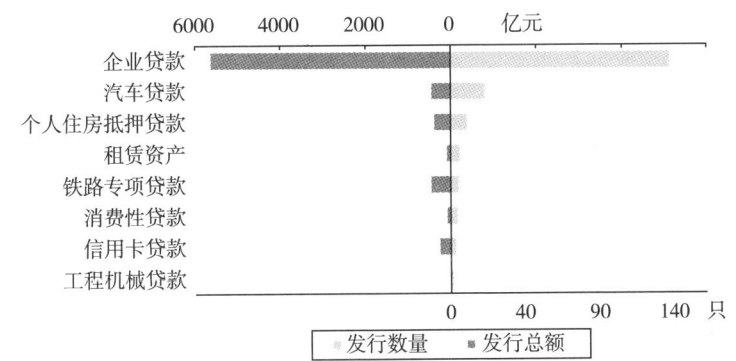

图 7-5　我国信贷资产支持证券基础资产分类统计

在我国目前的信贷资产支持证券市场上，基础资产呈以优质资产为主导的态势。在对信贷资产支持证券的评级中，AAA 级证券数量占评级总数的 68.3%②。而 A 级以下的证券评级数量仅占评级总数的 0.9%。与

---

① 资料来源：www.sifma.org，MBS 发行比例等于 MBS 发行总量除以 MBS 与 ABS 发行总量之和。

② 资料来源：Wind 数据库，评级数量统计来自评级机构对每只信贷资产支持证券的评级，且每只评级由两个评级机构进行评级，均计算在等级数量总额之内。

债券市场中的其他信用债相比，信贷资产支持证券具有明显的高信用评级的特征，这与资产证券化设计的基本目标和国际实践表现相符合。此外，在我国信贷资产证券化市场中，除了非常有限的不良资产证券化产品，基本以 CLO 为主。一般认为，由于 CLO 基础资产通常为企业贷款组合，其在贷款审核阶段就经历了较为严格的审查并进行了有效的风险控制，因而这类贷款往往被视为优质资产。因此，我国的信贷资产证券化市场目前主要以优质资产为主，结合我国二级市场投资者信心不足的问题，发起人选择对优质资产进行证券化，是吸引投资者、保证市场持续发展的重要条件。

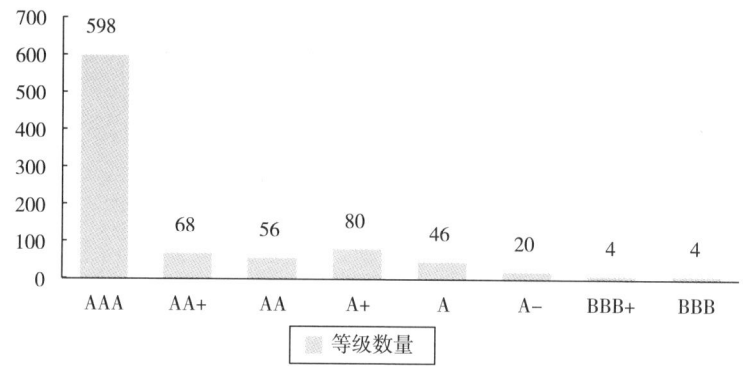

图 7-6 我国信贷资产支持证券评级分布

7.2.3 监管现状

2005 年至今十多年的发展过程中，我国信贷资产证券化从无到有，从建立到快速发展，都离不开相关政策法规和监管措施的设立与改革。根据我国信贷资产证券化市场发展过程，可以将相关政策法规与监管建设分为三个阶段：一是从 2005 年试点开始到 2006 年，为监管制度初步设立阶段；二是 2007 年至 2009 年，为监管制度完善补充阶段；三是 2012 年试点重启以后，为监管制度发展改革阶段。

2005 年发布的《信贷资产证券化试点管理办法》（以下简称《管理办法》），是我国信贷资产证券化市场建设的开端，也是整个信贷资产证券化运行的基本依据。《管理办法》对信贷资产证券化的整体框架进行了基本构建，对信贷资产证券化参与主体，包括发起机构、特定目的信托、特定目的信托受托机构、贷款服务机构、资金保管机构进行了清晰的定义，规定了各主体的设定标准与基本的行为准则；对信贷资产支持证券的发行与交易规则进行了规定，对信息披露提出了基本要求；对资产支持证券持有人权利进行了规定。在随后的一年内，监管当局相继出台了多项规定，对信贷资产证券化的会计处理、信息披露、交易操作规则、税收政策等进行了更为详细的规定，为构建信贷资产证券化市场创造了必要的制度条件。2005年《金融机构信贷资产证券化监督管理办法》的发布，则从信贷资产证券化监管的角度，进一步细化了对信贷资产证券化的准入、主体设立、业务规则和风险管理的规定，并提出了相应的资本要求，规定了监管当局在监督检查中的具体职责与行为标准。这一制度的建立，标志着对信贷资产证券化的监管走上了正轨。

表7-1　　我国信贷资产证券化政策法规发展历程

发布时间	信贷资产证券化政策法规	发布单位
2005.4.20	信贷资产证券化试点管理办法	人民银行、银监会
2005.5.16	信贷资产证券化试点会计处理规定	财政部
2005.6.13	资产支持证券化信息披露规则	人民银行
2005.8.1	资产支持证券交易操作规则	银行同业拆借中心
2005.11.7	金融机构信贷资产证券化监督管理办法	银监会
2006.2.20	关于信贷资产证券化有关税收政策的通知	财政部、国家税务总局
2007.8.21	关于信贷资产证券化基础资产池的信息披露有关事项的公告	人民银行
2007.10.9	关于资产支持证券质押式回购交易有关事项的公告	人民银行
2008.2.4	关于进一步加强信贷资产证券化业务管理工作的通知	银监会

续表

发布时间	信贷资产证券化政策法规	发布单位
2012.5.17	关于进一步扩大信贷资产证券化试点有关事项的通知	财政部、人民银行、银监会
2012.6.7	商业银行资本管理办法（试行），附件9：资产证券化风险加权资产计量规则	银监会
2013.12.31	关于进一步规范信贷资产证券化发起机构风险自留行为的公告	人民银行、银监会
2014.11.20	关于信贷资产证券化备案登记工作流程的通知	银监会
2015.3.26	信贷资产支持证券发行管理有关事宜的公告	人民银行

在建立了基本的信贷资产证券化的监管制度基础上，从2007年开始，监管当局继续针对试点中市场中出现的问题和具体需求，对现有的政策法规进行补充和完善。《关于信贷资产证券化基础资产池的信息披露有关事项的公告》对信贷资产证券化有关基础资产的信息披露作出了细致而严格的规定，要求《发行说明书》《信用评级报告》中应包含符合规定的详细的基础资产质量信息与信用风险状况，还特别对基础资产压力测试提出了信息披露要求。严格的信息披露要求，为投资者更好地判断信贷资产支持证券的风险状况创造了良好的条件，提升了信贷资产证券化市场的透明度，增加了证券风险的可观测性。为促进提升信贷资产支持证券在二级市场的流动性，防范市场发展过程中可能产生的风险，监管当局还发布了质押式回购交易等政策制度。特别是，在这一时期，监管当局已开始关注市场中可能存在的道德风险等问题，并推出了更为审慎的监管指引。

在2012年信贷资产证券化重启之后，我国相关的政策法规与监管发展分为两个方面。一方面，从鼓励信贷资产证券化市场迅速发展，不断扩张规模的目的出发，监管当局对相应的发行制度进行了改革，信贷资产证券化的发行从审批制转变为备案制，提升了金融机构进行信贷资产证券化的积极性。另一方面,结合当前国际资产证券化监管改革的实践经验,对信贷资产证券化的监管进行了适当的调整与补充。其中,根据巴塞尔委员会在次贷危机后的资本协议改革结果,在《商业银行资本管理办法(试行)》中明确地对资产证券化暴露的资本要求及其计量规则进行了详细的规定;根据当前各国应对资产证券化中道德风险所设立的风险自留监管,明确对我国信贷资产证券化中的风险自留作出规定,要求发起机构持有不低于5%的基础资产信用风险。在这一阶段,监管当局在原有制度与监管基础上,进行了必要的完善与改革,这既符合当前我国信贷资产证券化的发展要求,又借鉴了国际实践经验,体现出次贷危机后资产证券化审慎的监管特征。

7.3 我国信贷资产证券化中的信息不对称问题

7.3.1 资产证券化设计与投资者信心

通过前文对我国信贷资产证券化发展现状的分析,不难看出,我国信贷资产证券化依然处于初级发展阶段。相应地,与资产证券化市场相当成熟的美国相比,我国的资产证券化设计及其对投资者信心的影响既存在类似的状况,又存在显著的特点。

就目前而言,我国信贷资产证券化市场上绝大多数信贷资产支持证券设计简单,不具有过度的复杂性。首先,我国市场上的大多信贷资产支持证券均属于现金流型CLO(Collateralized Loan Obligation),其价值取决于基础资产的实际本金与利息收入,具有过手转付的交易性质(宋宸刚,2008)。与美国市场中在次贷危机前大量发行的其他债权类CDO(Collateralized Debt Obligation)不同,现金流型CLO的设计更为简单,其对支付结构的设计和现金流偿付的安排远不及其他CDO产品复杂。其次,我国信贷资产证券化市场发行大多数产品均采用了优先/次级(结构化信用增级）以及超额利差的内部增信措施（张文彬等，2015）。相较于其他信用增级的方法，这种结构化信用评级和超额利差的增级方法更为简单透明，特别是与第三方信用增级（包括单一业务保险公司、信用证、资产池保险）相关的较为复杂的设计，并未出现在我国信贷资产证券化市场中。此外，由于我国信贷资产证券化市场中的基础资产类别相对单一，即主要以优质的企业贷款为主，本身也并不需要进行过度的复杂化来达到增信的目的。结合前面章节的研究，不难发现，由于我国信贷资产证券化设计的简单性，为投资者分析产品分析、进行投资者决策提供了较好的信息环境，有利于提升投资者信心。

在信息不对称的环境下，信用评级往往是投资者判断资产支持证券风险的最为重要甚至是唯一的标准。次贷危机发生后，信用评级机构暴露出的评级独立性较差、评级方法错误等问题，让投资者对资产证券化信用评级产生了质疑，从而影响了投资者对资产支持证券的信心。目前，我国共有7家信用评级机构参与了信贷资产证券化的评级业务，其中，中债资信、中诚信国际、联合资信的评级业务占据了整个资产证券化信用评级业务的96%。当有多家商业评级机构竞争同类业务时，可能会引起信用评级机构为了争取客户资源而给出过高的评级情况。我国信贷资产证券发行要求两家信用评级机构给予评级，从目前的市场状况来讲，我国信用评级机构之间的竞争并没有明显的恶化。由于发行人可选择的评级机构有限，所以短期内评级机构之间的竞争可能不会为评级的独立性带来重大影响。但是，由于我国针对与信贷资产证券化信用评级配套的专门性监管准则还未出台，以及信用评级机构本身经验还不够丰富，信用评级机构对于投资者的公信度可能还有限。具体而言，首先，我国信用评级机构发展时间不长，无论是实践经验还是技术水平都与西方成熟市场的评级机构相差较远，因而其提供的信用评级的准确程度有可能受到投资者的质疑；其次，目前我国的监管并未针对信贷资产证券化的评级独立进行专门的规定，信用评级机构在评级服务的过程中依然可以同时向客户提供有关增信等咨询服务，从而影响评级的独立性，带来利益冲突；随着整个信贷资产证券化的迅速膨胀，很有可能导致更多的信用评级机构加入竞争，进而为争取客户而导致评级机构失真。总体而言，目前我国信贷资产证券化市场上的信用评级机构并未出现明显的问题，但由于种种原因，投资者仍对信用评级结果保持谨慎的态度，从而使我国投资者对信贷资产证券化的信心较低。

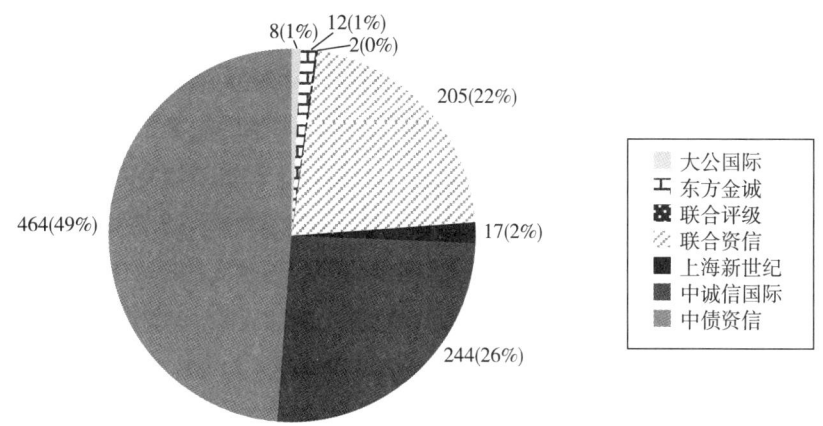

图7-7 我国信贷资产证券化评级机构统计

在次贷危机中，资产证券化对评级的过度依赖成为影响投资者信心的重要因素。次贷危机发生前，对评级的过度依赖极大地提升了投资者信心，催生了市场的"非理性繁荣"；次贷危机发生后，投资者丧失了可以信赖的风险评价指标，难以对资产证券化进行准确的分析与决策，投资者信心大幅降低，导致市场表现低迷。我国的信贷资产证券化市场快速发展于次贷危机发生后，投资者势必会受到次贷危机的影响，对信用评级所反映的实际风险水平持有一定的怀疑态度。因此，我国信贷资产证券化市场虽然不面临过度的评级依赖问题，但由于市场中缺失其他有效的、被高度认可的信用评价指标，同样使投资者难以作出准确的投资分析，而这种特性也体现在二级市场较差的流动性情况中。此外，由于我国信贷资产证券化的发展基本由政策导向，因此投资者的信心在很大程度上也会受到政策变动的影响。

总而言之，由于我国信贷资产证券化市场所具有的特殊性，投资者信心与资产证券化设计之间的关系并不完全表现为简单的正向或负向关系。因此，资产证券化设计本身虽然理论上可以解决一部分市场中的信息不对称问题,但还会受到其他因素的影响。正是由于我国市场中存在多种不确定因素,投资者信心保持较低的水平,限制了二级市场的活跃发展。

7.3.2 资产证券化中的道德风险和逆向选择

资产证券化过程中可能产生的道德风险和逆向选择问题,会对资产证券化的风险状况带来重大影响。这些资产证券化导致的信息不对称问题,在实践中的直接表现就是基础资产的质量恶化。美国发生的次贷危机,很大程度上与资产证券化中的信息不对称问题有关。虽然,我国信贷资产证券化市场还处于初级发展阶段,但依然需要对可能存在的道德风险和逆向选择问题进行关注,避免风险的过度累积,甚至引发金融危机。

目前,我国信贷资产证券化的违约情况非常少,违约比例很低。截至2015年底,多元化银行违约的信贷资产支持证券数为6只,违约金额为5769.7万元,违约比例为0.011%;区域性银行的违约数为5只,违约金融为8070.9万元,违约比例为0.055%;其他多元金融机构的违约数为8只,违约金融为3078.9万元,违约比例为0.050%;总违约比例为0.023%[①]。总体而言,我国信贷资产证券化显现出较高的质量水平,目前基础资产质量没有明显恶化,说明逆向选择和道德风险问题在我国市场还未明显地表现出来。

对比不同类型发起机构的信贷资产支持证券的违约比例,可以发现,规模较小的区域性银行和其他多元化金融机构发起的信贷资产支持证券表现出相对更高的违约比例。在前面章节的研究中发现,与大型银行相比,中小型银行在证券化过程中更倾向于选择质量较差的贷款进行证券化出表。我国目前信贷资产证券化市场的表现,一定程度上与之前的结论吻合。一般作为大型银行的多元化银行,其发起的信贷资产支持证券的违约比例显然低于中小型区域性银行(或金融机构),这就说明,在一定程度上,逆向选择更容易出现在我国区域性银行和其他多元金融

---

① 资料来源:Wind 数据库。多元化银行包括大型国有商业银行和全国性股份制银行,区域性银行主要包括城市商业银行、农村商业银行,其他多元金融机构包括特殊金融服务、消费信贷、多元资本市场、资产管理与托管银行、汽车制造等。

机构的资产证券化发起行为中。在我国经济"新常态"的背景下，随着产业结构转型的推进，势必会使一些产能落后、技术水平较低的企业淘汰，从而为银行带来更大的违约风险。特别是中小型区域性银行，可能会在受到企业坏账带来的巨大损失的同时，还需要筹集更多的资本金以应对高违约风险。在这种状况下，这些银行可能更愿意将违约风险较高的贷款通过证券化出表，在获得市场融资的同时，降低表内风险水平、节约资本。这也很可能直接导致在信贷资产证券化过程中，产生明显的逆向选择问题。

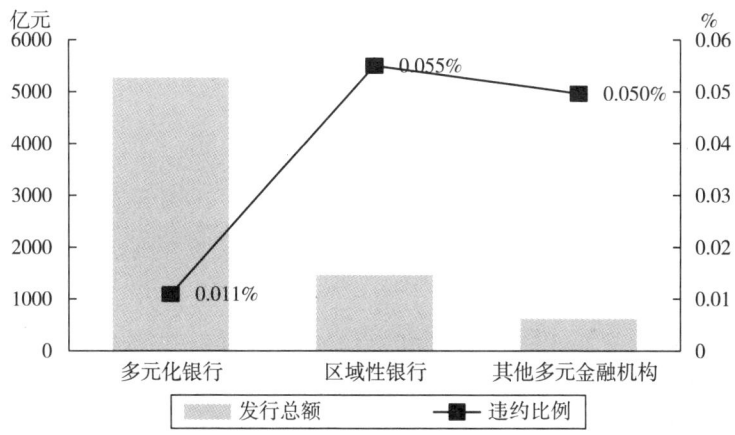

图 7-8 我国信贷资产支持证券违约情况统计

与上述针对逆向选择问题的讨论相比，分析我国信贷资产证券化市场中的道德风险问题则更为复杂。根据前面章节的研究可以发现，导致资产证券化过程中产生道德风险的因素较为复杂，需要逐一进行分析讨论。第一，进行证券化的贷款占银行总贷款资产的比例会影响发起银行的行为选择。除非银行能够事先确认一定能够将贷款进行证券化出售，否则银行对贷款的筛选标准往往适用于所有贷款。当银行选择放松对贷款的筛选时，同样会引起表内的贷款违约率的提高，从而提升资本要求。但是，当银行可以将全部或者绝大多数贷款进行证券化出表时，银行就会失去筛选贷款的动机。在我国，银行能够进行证券化的贷款非常有限，如果银行降低对贷款的筛选标准，会引起表内的风险提升，因筛选标准降低而节约的成本，很可能无法覆盖因风险上升而增加的资本要求。因此，从这一角度讲，我国信贷资产证券化出现道德风险问题的可能性并不高。第二，贷款筛选的边际效率也会导致道德风险产生，当银行在贷款筛选中付出同等努力，可能获得更低的违约率时，在表内自留一定贷款数量的情况下，银行降低筛选标准的动机就会减少。在我国，企业贷款往往面临着更为严格的筛选标准，但由于我国企业，特别是中小企业，缺少规范的财务报表和长期可靠的财务数据，因而在对这类企业的筛选中，银行付出的努力会为最终的企业信用评估结果带来很大的影响。从这一角度讲，我国银行在资产证券化过程中较难降低贷款筛选标准。第三，贷款筛选成本的高低也是导致道德风险产生的重要因素，当贷款筛选成本足够高时，为了降低高额的成本，银行就会有动机降低贷款筛选标准。而这种成本，在实践中不仅表现为银行筛选本身付出的成本，还表现为丧失一部分客户的机会成本。在我国大型银行中，由于内控机制更为严格，审核贷款的标准往往更为机械，难以像中小型银行一样直接发放大量"关系贷款"。为了竞争客户，提升业务量，大型银行反而可能会出现在实践中降低筛选标准，甚至出现信息造假、操纵财务指标的行为。因此，我国大型银行在进行资产证券化的过程中，相比中小型银行可能更易产生道德风险问题。

综合而言，我国信贷资产证券化市场中的逆向选择和道德风险问题表现得并不明显，在我国较为严格的市场监管体系下，相比美国等成熟市场，我国市场在未来产生这些信息不对称问题的可能性也较低。但是，这并不代表逆向选择和道德风险问题在我国市场内不存在。在我国现有的市场环境下，中小型银行或金融机构具有将质量较差贷款进行证券化的倾向，不排除在极端情况下发生逆向选择问题恶化的可能；相较中小型银行，大型银行更有动机在资产证券化的条件下降低贷款的筛选标准，可能会造成市场中大量信用风险的累积。

7.4 国际资产证券化实践对我国的启示

7.4.1 市场发展

一般认为，资产证券化发端于20世纪80年代，并于20世纪90年代在美国金融市场迅速地繁荣了起来。资产证券化兴起于美国金融市场剧烈变革时期，是市场迅速变革与发展的表现，也是银行业转型与升级的需要。从20世纪70年代末开始，金融市场监管进行了大幅改革，对银行表内资产提出了资本监管的要求，促使许多银行开始重新安排表内资产或转向表外业务；美国监管当局对存款账户管制的解除和银行经营地域限制的放开，极大地改变了银行业环境，市场竞争更加激烈；存款利率管制的放开，使银行传统业务的盈利能力降低，迫使银行寻求新的利益增长点。此外，金融技术与创新迅速发展，风险管理工具快速革新，都激励着银行采用表外业务进行市场风险管理。在这种背景下，资产证券化作为一种应对市场信息不对称、增强资产流动性的金融设计，很快获得了银行的"青睐"，为银行活跃地进行风险管理提供了有效的工具和手段。

与美国资产证券化发展的背景相似，我国当前也处于金融市场迅速变革的过程中。近些年，我国金融市场获得了长足的发展，金融监管改革初见成效，特别是在对银行业的监管中引入了国际先进监管标准[1]，提升了对我国银行的资本监管要求；随着利率市场化的不断推进[2]，银行传统业务能够获得的利差不断缩窄，为银行盈利能力带来挑战；金融市场的不断开放，特别是对中小型商业银行的支持，增加了整个银行业的竞争激烈程

---

[1] 2012年，银监会发布《商业银行资本管理办法（试行）》，基本采纳了巴塞尔资本协议Ⅲ的监管标准，并在巴塞尔委员会的监管一致性评估中获得了"合规"的评价，被称为"中国版巴三"。

[2] 2015年10月23日，人民银行宣布对我国商业银行和农村合作金融机构等不再设置存款利率浮动上限，标志着我国利率市场化基本建立。

度。除此之外，在我国经济进入"新常态"的情况下，银行可能会面临更大的风险资本压力，特别是不断升高的不良贷款率，使不良贷款处置成为迫切需要解决的问题。在这种背景下，发展我国的信贷资产证券化，对"盘活"银行资产、提升银行风险管理水平、增加金融市场活力都具有重要意义，适应了我国金融市场与银行业发展的需要。因此，促进我国信贷资产证券化发展是非常必要的，需要设立稳定、健全的长期制度体系，提供必需的市场条件和政策支持，持续鼓励开展信贷资产证券化业务。特别需要关注发展不良贷款资产证券化业务，通过合理的资产证券化手段，解决银行不良贷款处置的难题。

在美国资产证券化发展的三十多年中，呈现规模扩张迅速、产品设计创新较快的特征。特别是资产证券化产品设计的创新，伴随着金融计量技术与衍生品设计的发展，在较短的时间内实现了从基础性到精细化设计的过渡。精细化的资产证券化设计，能够更好地匹配投资者的风险偏好与投资需求，为增加市场流动性创造了条件。但是，在资产证券化设计逐渐走向过度复杂化的过程中，市场中的监管者、投资者和其他主体却并没有建立起更为先进和完备的风险评估体系，资产证券化设计复杂化带来的信息不透明问题反而加剧了市场中的信息不对称状况。次贷危机的爆发反映出资产证券化设计中存在的问题，也对资产证券化设计复杂化发展与相应的金融创新提出了质疑。次贷危机后，国际资产证券化市场更倾向于选择简单、透明、可比的资产证券化结构。

我国信贷资产证券化从 2012 年试点以来，呈现显著的初级阶段发展特征。在政策制度的指引与支持下，我国信贷资产证券化发行规模迅速扩大，但总体规模与成熟市场相比还有非常大的差距；与迅速扩张的发行量相对应的是较低的二级市场流动性；市场中的基础资产种类较少，资产支持证券设计种类较为单一，主要以过手型 CLO 为主。不难看出，为了实现我国信贷资产证券化的进一步发展，需要在关注扩大发行规模的同时，大力提升资产支持证券在市场上的流动性。这就要求我国信贷资产证券化设计积极借鉴成熟市场的经验，合理应用现代金融计量技术，推进金融产品创新，以应对投资者的实际需要。同时，也要吸取次贷危机的教训，避免资产证券化设计的过度复杂化,关注资产证券化设计过程中的简单性、透明性和可比性,预防可能产生的新风险。例如,在推进不良贷款资产证券化的过程中,需要清楚地认识到基础资产本身所具有的高风险性,保证在证券化过程中不会出现道德风险和逆向选择恶化的问题,同时采用适当的金融创新设计,对产品进行合理定价,以提升产品的流动性。

在美国等成熟市场的资产证券化发展中,推动整个市场繁荣的不仅是资产证券化设计本身,更是长期高涨的投资者信心所导致的结果。在次贷危机发生前,长期积极的宏观经济背景与资产证券化设计的良好效果相结合,使投资者相信资产证券化市场运行的高效性,促使投资者大量投入资产证券化产品。而次贷危机的发生,让投资者意识到了资产证券化中存在的问题,投资者信心降低,资产证券化市场规模迅速缩水。我国信贷资产证券化在发展的过程中,受到了较为严厉的监管,并未受到次贷危机的波及。但是,次贷危机已经让投资者意识到,资产证券化过程中很可能会出现问题,因而投资者对资产证券化的态度并不积极。此外,在我国经济"软着陆"的过程中,投资者对宏观经济的预期也更为谨慎。因此,我国信贷资产证券化在当前发展阶段面临着明显的投资者信心不足的问题。这一问题将是市场未来发展中不可忽视的重要问题,需要从市场建设、监管改革、投资者教育等多个方面着手,逐渐进行调整与转变。

7.4.2 危机预防

美国次贷危机的爆发,暴露出了资产证券化中存在的风险性及其可能为市场带来的巨大破坏力。特别是资产证券化中存在的道德风险与逆向选择问题,会导致整个金融市场风险过度累积,最终引发危机。具体而言,次贷危机发端于美国过热的房地产信贷市场,在资产证券化大量进行的背景下,市场中的道德风险和逆向选择问题逐渐恶化,大量信用质量较差的借款人涌入信贷市场,信用风险在资产证券化过程的掩盖下迅速累积。随着房价的下跌,住房抵押贷款质量状况恶化,相应的资产支持证券大量违约,最终引发了金融市场的连锁反应,导致了次贷危机的全面爆发。从次贷危机的发生历程来看,资产证券化并非引发次贷危机的"元凶",在资产证券化过程中产生的信息不对称问题才是直接导致次贷危机的重要因素。

次贷危机发生前，复杂的资产证券化设计为掩盖基础资产真实质量信息创造了条件，为发起人和其他主体行为扭曲创造了动机。由于能够"轻松"地将贷款资产实现证券化转移出表，发起人可以通过放松对借款人的筛选，从而达到业务扩张和降低成本的目的，导致大量信用质量较差的借款人获得贷款，带来巨大的信用风险；为实现利益最大化，发起人更倾向于选择将较差的贷款进行证券化，基础资产质量问题不断累积。投资者和监管者在资产证券化发出的积极信号的引导下，盲目乐观，却忽视了对真实风险的分析与判断，进一步刺激了有问题的资产支持证券的扩大发行。信用评级机构在资产证券化信用评级过程中出现的模型错误、独立性较差等问题，使评级过程中的利益冲突加剧，影响了评级的真实性，对市场造成误导。各种问题不断累积，最终引发了次贷危机。

就我国目前信贷资产证券化发展状况而言，道德风险和逆向选择表现得并不明显。与美国这样的成熟市场相比，由于我国市场具有更强的政策导向性，因而未来道德风险和逆向选择问题恶化的可能性也不会很高。但是，这并不代表资产证券化中的信息不对称问题在我国不会引发更大的问题。在我国现有的市场环境下，中小型银行具有将较差贷款进行证券化的倾向，不排除会在一定情况下出现逆向选择恶化的可能性；大型银行则更有可能在资产证券化条件下放松贷款的筛选标准，不断累积大量信用风险。此外，我国信用评级机构的发展水平相较成熟市场也较低，无论是评级技术水平，还是相应的监管制度与行为准则，都还没有形成完善、先进的体系。因此，也不排除在资产证券化过程中出现信用评级"失真"的可能性，进而为市场带来误导。结合次贷危机的经验，我国在发展信贷资产证券化的过程中，更应该重视资产证券化中的信息不对称问题，关注市场各主体的行为与风险，预防道德风险与逆向选择问题，避免风险过度累积，防止危机的发生。

具体而言，在我国信贷资产证券化市场的发展过程中，可以从各个参与主体入手，分别给予密切的关注和恰当的管理。对于发起人和发行人，建立合理长效机制，多方面观测其行为表现，及时发现引发道德风险和逆向选择的行为动机；在实施适当管制的同时，鼓励发起人和发行人参与信贷资产证券化的积极性，保持市场的活力；对发起人和发行人提出合理的信息披露要求，保持市场的信息透明度。对于信贷资产证券化的投资机构，需要关注其投资行为，鼓励其自主进行合理、有效的风险分析和投资决策。对于第三方机构，如信用评级机构、服务商等，则要建立完整的制度机制，确保第三方机构的独立性，减少利益冲突；明确第三方机构责任制，保护投资者利益；对第三方机构提出恰当的信息披露要求，提升整体市场的透明度。

7.4.3 监管改革

从 2007 年次贷危机爆发至今，国际上对资产证券化监管进行了一系列改革。无论是美国、欧盟等受到次贷危机严重影响的国家监管当局，还是包括巴塞尔委员会和国际证券委员会在内的国际金融监管组织，都针对次贷危机中资产证券化暴露出的问题进行了细致的监管改革。改革后的监管规则与措施不仅促进了全球资产证券化市场的恢复与发展，还为建立一个信息更透明、资产证券化结构更合理、市场运行更稳健的良好环境创造了积极的条件。

截至日前，国际资产证券化监管改革主要涵盖三人方面：第一，增强对资产证券化过程的监管，包括设立风险自留规则、增强信息披露标准、建立 STC（简单、透明、可比）资产证券化结构标准；第二，改善资产证券化信用评级监管，包括提升对信用评级机构的监管和降低对信用评级的依赖；第三，提升对资产证券化风险暴露的资本要求。而监管改革的实施则主要包括法案设立（如美国《多德—弗兰克法案》）、监管制度改革（如欧盟资本需求指引、巴塞尔资本协议资产证券化框架修订）、行为准则修改（如 IOSCO 发布识别简单、透明、可比资产证券化结构的 STC 准则）。

从我国信贷资产证券化试点开始，相应的法律与制度建设就一直处于不断的发展与改革中。经过十多年的发展，我国已初步建成完整的基础监管体系，并能够结合市场的风险状况与实际需要，适时出台相应的支持政策和监管准则。在未来的监管改革中，需要继续进行相关法律、监管制度的设计与实施，关注建立适当的行业行为准则，积极引导市场主体行为，通过市场的作用来实现对市场的促进与管理。同时，要关注次贷危机后国际成熟市场的监管改革方向，借鉴和采纳适用于我国发展的监管准则与制度规范。

具体而言，要结合我国信贷资产证券化的监管现状，在增强对资产证券化过程的监管中，根据实际需要对风险自留规则进行更新和修订；借鉴国际经验，在现有的信息披露标准下，根据实际情况增加部分信息披露要求，如增加对评级历史表现信息的披露、对发起人不良率等信用和声誉状况的披露；参考 IOSCO 发布的 STC 准则，建立适合我国国情的合理资产证券化结构识别框架，促进信贷资产证券化市场的简单性和透明性发展。在对信用评级监管改革的过程中，建立专门针对信贷资产证券化信用评级的监管规则，解决信用评级机构在评级过程中存在的利益冲突，明确评级机构的责任制，切实保护投资者利益；鼓励开发和建立新的可供参考的资产证券化信用评价指标，在有条件的情况下，设立与信用评级并行的公共参考指标，避免对信用评级的过度依赖；完善信用资产证券化市场的运行机制，促进提升信用评级机构的公信力，提升投资者信心。在改革资产证券化资本监管的过程中，积极参考、引入巴塞尔委员会对资产证券化框架的修订，增加资产证券化资本计量的风险敏感性。

7.5 结论与政策建议

本章结合前面章节对资产证券化信息不对称问题的研究，对我国信贷资产证券化市场发展中的相关问题进行了梳理与分析，并结合当前国际实践，对我国信贷资产证券化市场发展的启示进行了讨论，并对我国未来发展进行了展望。

在对我国信贷资产证券化市场发展的各个阶段进行的梳理和总结中，本研究提出当前市场具有的四大特征：整体规模增长迅速，但市场发展仍处于初级阶段；发行规模增长很快，但是二级市场流动性不足；基础资产类别较少，以企业贷款为主；基础资产以优质资产为主，评级分布结构合理。我国信贷资产证券化市场的监管发展则分为三个阶段：从 2005 年试点开始到 2006 年，为监管制度初步设立阶段；2007 年至 2009 年，为监管制度完善补充阶段；2012 年试点重启以后，为监管制度发展改革阶段。2005 年至今，我国信贷资产证券化市场与相应的监管制度都历经了从无到有，从初步建立到迅速发展的阶段。总而言之，经过了十多年的发展，我国已初步建成健全的信贷资产证券化市场运行机制，设立了较为完整的基础监管体系，这为我国进一步加快信贷资产证券市场发展创造了积极的条件。

在对我国信贷资产证券化中的信息不对称问题的分析中，本研究对我国信贷资产证券化设计特征对投资者信心的影响，以及我国信贷资产证券化中是否存在道德风险和逆向选择问题进行了讨论。结合国际经验发现，我国的资产证券化设计较为简单、透明，信用评级机构的运行并未出现明显问题，评级过度依赖问题也并未恶化，因而在短期内并不会影响投资者信心。但是，由于相关市场机制和监管制度不完善，以及次贷危机对投资者心理的影响，使投资者信心不足，市场表现并不活跃。我国目前的信贷资产支持证券的基础资产质量也并未出现恶化的迹象，但不排除作为发起人的中小型银行在一定的条件下出现逆向选择问题的可能性，同样需要警惕作为发起人的大型银行在一定条件下出现道德风险问题。

本研究还结合国际资产证券化实践，针对我国信贷资产证券化的发展进行了分析和讨论。基于国际资产证券化市场的发展规律与历史作用效果，我国也应积极支持信贷资产证券化的发展，推进整个金融市场的活跃与现代金融创新的进步。借鉴美国次贷危机的经验，我国在发展中应注重在宏观经济背景下合理解决信贷资产证券化市场存在的信息不对称问题，合理发展金融创新，建立审慎、合理的监管框架，预防风险累积引发危机。对于国际各方在次贷危机后针对资产证券化的改革潮流，我国在发展中也同样应该注重建立简单、透明和可比的信贷资产证券化市场，提升对信用评级机构的监管，解决评级过度依赖的问题，引入新的资产证券化资本监管框架，提升资本计量的风险敏感性。

综合上述我国信贷资产证券化过程中的市场特性、存在问题和未来前景，我国在相应的政策制定与实施中还应关注以下几点：第一，设立信贷资产证券化发展的长期规划，建设完整、先进、适合我国发展需要的发展框架与监管体系，积极推进信贷资产证券市场的成熟化发展，合理管控市场中可能存在的风险与危机，实现整个市场的稳健增长；第二，深刻分析信贷资产证券化市场的运行规律和发展前景，鼓励积极的市场机制与政策的研究，为市场实践与监管改革提供理论研究支持；第三，积极培养资产证券化专业人员，培育先进的市场参与主体，进行投资者教育，提升投资者对信贷资产证券化的认知程度与风险分析能力。

结　语

本研究主要针对资产证券化中的信息不对称问题进行了研究，主要研究问题包括：资产证券化设计与投资者信心、资产证券化中产生的逆向选择与道德风险、次贷危机过程中资产证券化市场中的信息不对称问题、次贷危机后针对资产证券化信息不对称问题而进行的监管改革、我国信贷资产证券化发展过程中的信息不对称问题及国际实践对我国的启示。全文采用定性分析与定量分析相结合的方法，对相关问题进行了理论和实证的分析与验证，并结合资产证券化的实践，提出应对措施与政策建议。

在对资产证券化设计与投资者信心的分析中，本研究主要对资产证券化的设计原理、特征和对信息不对称的作用机制进行了系统的分析与讨论。研究表明，资产证券化的基本设计原理，如资产的合并与分层、风险资本自留、特殊目的机制、隐性追索权等的设计，能够有效减少信贷资产在出售过程中所面临的"柠檬问题"，应对道德风险可能引发的负面效应，从根本上用于应对金融市场中存在的信息不对称问题，增加资产的流动性。结合资产证券化设计对信息不对称的作用机制分析，可以发现资产证券化设计的基本目标是构造非信息敏感资产，但这并不能完全解释为什么资产证券化市场在次贷危机中崩溃，并在次贷危机后长期难以恢复。针对这一问题，本研究创造性地将投资者信心引入分析。资产证券化的特殊设计其实并未改善市场中的信息状况，而是通过向投资者传递积极的基础资产质量信息来提升投资者信心,进而提高投资者对资产支持证券的定价,最终达到增加资产支持证券流动性的目的。而资产证券化设计传递给投资者的基础资产质量信号,集中体现在资产证券化信用评级中。

本研究通过使用事件研究的方法,分析了美国资产证券化市场中,信用评级的变动是否会显著影响投资者信心。实证分析结果表明,随着资产支持证券的信用评级上调,投资者定价确实会产生显著的超额收益,进而证实了资产证券化信用评级确实会对投资者信心产生显著的影响。基于这一结论,还可以推论,在次贷危机发生前,大量过高的资产证券化信用评级促生了过高的投资者信心,促进了整个市场的迅速膨胀;次贷危机发生后,与投资者信心密切相关的信用评级出现问题,投资者丧失了对资产证券化的信心,从而导致市场流动性迅速枯竭。基于上述研究结果,本研究还为进一步改善资产证券化设计提出了相应的政策建议,包括合理监管金融创新,避免资产证券化设计过度复杂化;保护投资者利益,维护投资者信心;加强信息披露,解决评级依赖问题等。

在对资产证券化过程中产生的信息不对称问题的分析讨论中,本研究主要从资产证券化发起人的行为动机着手,对发起人行为可能引发的逆向选择和道德风险问题进行了分析与验证。研究发现,在信息不对称的条件下,发起人在资产证券化过程中,总是有动机通过将低质量贷款证券化出表、保留高质量贷款在表内的方法来实现利益最大化。发起人是否会选择降低对借款人的筛选标准,不仅仅取决于筛选成本因素,发起人对贷款资产的自留比例以及发起人贷款筛选效率等,都会影响发起人的行为动机。发起人的不良贷款率,作为一种公开的、"结果性"的信息,可以作为间接衡量发起人行为的指标,通过观测不良贷款率的变动,可以分析是否有逆向选择和道德风险问题出现。当发起人的资产证券化行为增加时,如果不良贷款率随之减少,则可以认为是发起人通过资产证券化将低质量贷款进行了剥离,即出现逆向选择;如果不良贷款率随之增加,则可以认为是发起人由于降低了借款人的筛选标准,而增加了整体贷款的风险,即出现道德风险。

基于上述的理论研究基础,本研究采用美国银行层面数据,通过差分

GMM 方法进行了实证分析。分析结果表明，大型银行不良贷款率与证券化资产总额呈现显著的正相关，说明银行很可能在资产证券化的条件下降低了借款人筛选标准；中型银行不良贷款率与证券化资产总额呈现显著的负相关，即在一定时期内，随着证券化资产的增加，不良贷款率会下降，说明银行通过证券化剥离了表内一部分低质贷款，证明了逆向选择的存在；小型银行不良贷款率与证券化资产总额呈现显著的负相关，但与中型银行相比，这种相关性并不会持续较长时间，说明小型银行在资产证券化过程中会选择低质贷款出售，但其对不良贷款率的影响有限。而这种结果的出现，很可能说明，大型银行在有高声誉、低贷款筛选效率的情况下，更容易出现道德风险问题；中小型银行在较低声誉、较高贷款筛选效率的条件下，则更容易出现逆向选择问题。研究表明，逆向选择和道德风险的影响并不是显著地出现在所有银行的资产证券化过程中。因此在监管过程中，需要对不同规模的银行采取有重点、有区别的措施。

在对次贷危机中的资产证券化与信息不对称问题的分析中，本书主要采用了前文的分析结论，结合次贷危机中美国资产证券化市场的具体表现，对次贷危机前后的资产证券化信息不对称问题进行了具体分析与讨论。研究结果表明，资产证券化中的信息不对称问题确实在次贷危机爆发中起到了不可忽略的破坏性作用。

首先，由于与投资者信心密切相关的资产证券化信用评级在次贷危机中出现了明显问题，严重打击了投资者信心，进而导致资产支持证券需求大幅减少。次贷危机发生后，虽然评级中存在的一些问题得到了一定改善，但并未从根本上解决投资者对评级的"信任危机"，这也就为次贷危机后资产证券化市场再次遇冷提供了解释。针对这些问题，本书提出，监管当局和市场参与主体不仅应关注解决次贷危机中凸显的各个问题，还应从根本上考虑如何保持一个稳定且较高水平的投资者信心。可以考虑改革评级机构的"发行人支付模式"，鼓励建立更为独立的第三方评级机制；开发和建立新的基础资产信用评价指标，减少对评级的依赖；构建资产证券化市场的投资者信心指数，为市场各参与主体和监管当局提供市场状况参考指标；增强信息透明度，帮助投资者进行准确的风险分析与投资决策。

其次，次贷危机中大量住房抵押贷款的违约，说明在资产证券化的条件下，发起人确实放松了对贷款的筛选标准，从而为次贷危机的爆发埋下了伏笔。而资产证券化中的道德风险之所以能够不断积累，还与被高估的市场预期密切相关。次贷危机发生后，许多发起人迅速提升了贷款筛选标准，监管者也提出了风险自留的规则以应对道德风险。但是，过高的市场预期却没有被重视。因此，在针对资产证券化存在的问题进行预防和监管之外，还应密切关注相关市场的动态，积极观测市场预期的变化，对非理性的市场变化进行适当的、及时的纾解与引导。

最后，次贷危机中的资产证券化逆向选择问题并未完全如理论预期的那样。次贷危机发生前，表现得最为明显的问题，并非发起人选择较差贷款进行证券化，而是有许多发起人或发行人选择自留大量权益级证券或资产，以获得高额的收益。这种现象说明，资产证券化主体的行为在次贷危机前很可能已经出现了明显的扭曲。次贷危机后，为应对高折价和低需求问题，发起人可能更有动机选择对低质量贷款进行证券化，即出现逆向选择问题。为应对这些问题，一方面监管当局不应放松警惕，应更加关注发起人的行为；另一方面监管当局还应关注增加投资者对资产支持证券的需求，提升市场的流动性，以降低发起人出现逆向选择问题的动机。

在对资产证券化与金融监管改革问题的讨论中，本书主要对次贷危机后欧美以及主要国际金融监管组织对资产证券化相关的监管准则改革与修订进行了梳理与分析。研究表明，次贷危机后的资产证券化监管改革主要是针对次贷危机中资产证券化所暴露出的问题而进行的，能够有效地应对资产证券化中出现的严重信息不对称问题。

其中，风险自留监管准则的设定，为资产证券化过程建立了稳定的风险共担机制，防止道德风险发生；信息披露的加强，则会增加市场的透明度，改善市场中的信息不对称状况；建立识别简单、透明、可比的资产证券化结构，则是对信息不对称问题的综合改进，对修正资产证券化中的行为扭曲、提升风险管理都具有重要意义。资产证券化监管改革对信用评级监管进行了大幅改革：一方面，监管当局通过增强对信用评级机构的监管，来确保信用评级结果的独立性和准确性；另一方面，监管当局尽量降低监管准则和市场对信用评级的依赖，从而降低信用评级可能对投资者和监管当局的分析决策，乃至整个市场稳定的影响。对资产证券化资产监管框架的修订，则解决了对资产证券化风险暴露资本计提过低的问题，并一定程度上减弱了对评级的依赖，对维护市场稳健有重要的作用。

本书认为，次贷危机后对资产证券化的一系列监管改革具有非常重要的意义，这不仅很大程度上解决了次贷危机中资产证券化所暴露出来的诸多信息不对称问题，更有助于建立一个信息更透明、资产证券化结构更合理的良好市场，从而进一步促进资产证券化市场恢复与发展。但是，也应看到现有资产证券化监管改革中依然存在的不足。总体而言，资产证券化监管改革基本上还是基于原有监管体系进行修正和补充，并未完全触及资产证券化过程中存在的一些根本性问题，因而其实施的效果并不完全明确，其未来也很有可能面临着进一步的革新。据此，本书研究提出，次贷危机后对资产证券化进行监管改革是必要的，而且应该借鉴国际监管改革的经验，应对资产证券化市场的迫切需要，对存在的问题进行有针对性的解决；同时，也应该考虑具体的实践情况，考虑资产证券化发展的根本需要，在监管改革中继续进行必要的革新。

在对资产证券化信息不对称问题对我国启示的讨论中，本研究主要基于前文的研究结果，结合当前国际资产证券化实践，针对我国信贷资产证券化市场发展进行了深入分析，据此，对我国市场未来的发展进行了展望，并提出了一定的政策建议。

根据对我国信贷资产证券化市场的发展历程和现状的分析，本书提出当前我国市场具有四大特征：整体规模增长迅速，但市场发展仍处于初级阶段；发行规模增长很快，但是二级市场流动性不足；基础资产类别较少，以企业贷款为主；基础资产以优质资产为主，评级分布结构合理。与之相对应的则是我国信贷资产证券化市场的监管发展，包括监管制度初步设立阶段、监管制度完善补充阶段和监管制度发展改革阶段。总体而言，当前我国已初步建成健全的信贷资产证券化市场运行机制，设立了较为完整的基础监管体系，这都为我国进一步加快信贷资产证券市场发展创造了积极的条件。

在对我国信贷资产证券化中的信息不对称问题的分析中，本书研究主要针对我国信贷资产证券化设计特征与投资者信心的关系、我国信贷资产证券化中是否存在道德风险和逆向选择问题进行了讨论。研究表明，我国的资产证券化设计较为简单、透明，信用评级机构的运行并未出现明显问题，评级过度依赖问题也并未恶化，因而在短期内并未出现投资者信心恶化的状况。但是，由于我国相关市场机制和监管制度不完善，以及次贷危机对投资者心理的影响，使投资者信心不足，市场表现并不活跃。我国目前的信贷资产支持证券的基础资产质量并未出现恶化的迹象，但不排除作为发起人的中小型银行在一定的条件下出现逆向选择问题的可能性，同样需要警惕作为发起人的大型银行在一定条件下出现道德风险问题。

综合对我国信贷资产证券化发展的分析，结合国际市场当前的实践，本书研究对国际资产证券化实践对我国的启示进行了分析和讨论。基于国际资产证券化市场的发展规律与历史作用效果，本书认为，我国也应积极支持信贷资产证券化的发展，从而推进整个金融市场的活跃与现代金融技术的进步。借鉴美国次贷危机的教训，我国在发展中应注重在宏观经济背景下合理调整信贷资产证券化市场存在的问题，合理发展金融创新，建立审慎、合理的监管框架，预防风险累积引发的危机。对于国际各方在次贷危机后针对资产证券化的改革潮流，我国在发展中也同样应该注重建立简单、透明和可比的信贷资产证券化市场，提升对信用评级机构的监管，解决评级过度依赖的问题，引入新的资产证券化资本监管框架，提升资本计量的风险敏感性。

综合上述我国信贷资产证券化过程中的市场特性、存在的问题和未来前景，本书提出，我国在相应的政策制定与实施中还应关注以下几点：第一，设立信贷资产证券化发展的长期规划，建设完整、先进、适合我国发展需要的发展框架与监管体系，积极推进信贷资产证券市场的成熟化发展，合理管控市场中可能存在的风险与危机，实现整个市场的稳健增长；

第二，深刻分析信贷资产证券化市场的运行规律和发展前景，鼓励积极的市场机制与政策的研究，为市场实践与监管改革提供理论研究支持；第三，积极培养资产证券化专业人员，培育先进的市场参与主体，进行投资者教育，提升投资者对信贷资产证券化的认知程度与风险分析能力。

参考文献

[1] Brain Baker. 市场崩溃,今日之刺[J]. 风险管理, 2010 (2): 31-35.

[2] 巴曙松, 刘清涛. 当前资产证券化发展的风险监管及其模式选择[J]. 杭州师范大学学报(社会科学版), 2005 (2): 21-32.

[3] 巴曙松, 孟之静, 孙兴亮. 金融危机后资产证券化的新特征及监管新动态[J]. 经济纵横, 2010 (8): 22-26.

[4] 曹远征. 美国住房抵押贷款次级债风波的分析与启示[J]. 国际金融研究, 2007 (11): 4-11.

[5] 曾康霖, 徐子尧. 信息不对称视角下我国可转换债券融资研究[J]. 财贸经济, 2008 (4): 48-53.

[6] 陈汉文, 陈向民. 证券价格的事件性反应——方法、背景和基于中国证券市场的应用[J]. 经济研究, 2002 (1): 40-47.

[7] 陈强. 高级计量经济学级Stata应用[M]. 北京: 高等教育出版社, 2010: 166-189.

[8] 陈睿. 股权分置改革的市场效应研究[J]. 金融研究, 2007

(5): 23-32.

[9] 陈卫平. 危机中的美国房地产市场和房贷市场 [J]. 风险管理, 2010 (2): 38-43.

[10] 陈颖. 透过金融危机审视外部信用评级监管 [J]. 风险管理, 2010 (4): 96-99.

[11] 陈忠阳. 结合中国国情实施新资本协议 [J]. 中国金融, 2008 (2): 45-46.

[12] 陈忠阳. 我国实施巴塞尔协议Ⅲ的目标定位 [J]. 中国金融, 2011 (1): 34-35.

[13] 陈忠阳. 新巴塞尔资本协定对我国的影响 [J]. 国际金融研究, 2004 (1): 44-45.

[14] 陈忠阳, 李丽君. 资产证券化中存在逆向选择吗: 基于美国银行层面数据的实证分析 [J]. 国际金融研究, 2016 (2): 66-74.

[15] 邓海清, 胡玉峰, 蒋钰炜. 资产证券化: 变革中国金融模式 [M]. 北京: 社会科学文献出版社, 2013.

[16] 杜勇, 刘建徽, 杜军. 董事会规模、投资者信心与农业上市公司价值 [J]. 宏观经济研究, 2014 (2): 53-122.

[17] 弗兰克·法博齐, 维诺德·科赛瑞. 资产证券化导论 [M]. 北京: 机械工业出版社, 2014.

[18] 傅强. 从次贷危机看美国商业银行经营模式的变化 [J]. 风险管理, 2010 (2): 44-53.

[19] 郭桂霞, 王勇. 不确定流动性需求与银行资产证券化最优规模 [J]. 浙江社会科学, 2012 (7): 4-18.

[20] 郭桂霞, 巫和懋, 魏旭, 王勇. 银行资产证券化的风险自留监管: 作用机制和福利效果 [J]. 经济学, 2014, 13 (3): 887-916.

[21] 黄国平. 监管资本、经济资本及监管套利: 妥协与对抗中演进的巴塞尔协议 [J]. 经济学 (季刊), 2014 (13): 865-886.

[22] 黄勇. 债权资产证券化信息披露: "纵主横辅"模式探讨 [J]. 社会科学, 2013 (12): 100-107.

[23] 李佳. 资产证券化监管框架的构建: 从微观审慎向宏观审慎 [J]. 金融理论与实践, 2015 (1): 5-10.

[24] 李丽君. 资产证券化中信息不对称问题研究综述 [J]. 中国物价, 2015 (8): 51-54.

[25] 李群峰. 动态面板数据模型的 GMM 估计及其应用 [J]. 统计与决策, 2010 (16): 161-163.

[26] 李善民, 陈玉罡. 上市公司兼并与收购的财富效应 [J]. 经济研究, 2002 (1): 54-61.

[27] 李文泓. 资产证券化的资本充足率框架及其对我国的启示 [J]. 金融研究, 2005 (9): 99-111.

[28] 刘德光. 对我国中小投资者投资信心的实证分析 [J]. 财贸经济, 2005 (6): 25-27.

[29] 刘吕科, 王高望. 资产证券化、非同质投资者和金融稳定性: 一个理论模型 [J]. 国际金融研究, 2014 (12): 25-34.

[30] 刘琪林, 李富有. 资产证券化与银行资产流动性、盈利水平及风险水平 [J]. 金融论坛, 2013 (5): 35-44.

[31] 刘西, 李健斌. 基于巴塞尔新资本协议的资产证券化风险计量 [J]. 国际金融研究, 2008 (5): 59-65.

[32] 罗伯特·J. 希勒. 非理性繁荣 [M]. 北京: 中国人民大学出版社, 2001.

[33] 吕凯. 信贷资产证券化风险自留新规的评析与改进 [J]. 证券市场导报, 2013 (7): 4-10.

[34] 倪志凌. 动机扭曲和资产证券化的微观审慎监管: 基于美国数据的实证研究 [J]. 国际金融研究, 2011 (8): 75-87.

[35] 潘秀丽. 中国金融机构资产证券化风险分析及建议 [J]. 中央财经大学学报, 2010 (9): 38-43.

[36] 人民银行, 银监会. 公告 (2013) 第 21 号 [S]. www.pbc.gov.cn, 2013.

[37] 沈炳熙. 资产证券化: 中国的实践 [M]. 北京: 北京大学出

版社，2008.

[38] 斯蒂格利茨．信息经济学：基本原理［M］．北京：中国金融出版社，2009.

[39] 宋宸刚．我国信贷资产证券化产品特征和支付结构机制研究［J］．经济体制改革，2008（5）：135 - 139.

[40] 唐德鑫．美国信用评级监管制度的发展演变及启示：兼论后危机时代信用评级监管改革面临的困境［J］．征信，2013（8）：51 - 55.

[41] 唐毅亭，韩冬，卢宇荣．公开信息与流动性——基于银行间债券市场的实证研究［J］．金融研究，2006（9）：93 - 103.

[42] 王秋香．IOSCO 信用评级监管改革及对我国的启示［J］．征信，2015（7）：39 - 42.

[43] 王胜邦．后巴塞尔Ⅲ时期资本监管改革：重构风险加权资产计量框架［J］．金融监管研究，2005（2）：39 - 59.

[44] 王元璋，涂晓兵．试析我国资产证券化的发展及建议［J］．当代财经，2011（3）：67 - 72.

[45] 王志强．银行资产证券化的直接动因与作用效果：来自美国的经验证据［M］．北京：科学出版社，2008.

[46] 魏晓东．从次贷危机看资产证券化监管规则的完善［J］．辽宁大学学报，2009，37（1）：151 - 155.

[47] 吴卫星，付晓敏．信心比黄金更重要：关于投资者不确定性感受和资产价格的理论分析［J］．经济研究，2011（12）：32 - 44.

[48] 杨柳勇，周强．资产证券化与金融危机的国际传染：一个理论模型及经验检验［J］．国际金融研究，2012（12）：74 - 81.

[49] 姚禄仕，仕王璇，宁霄．银行信贷资产证券化效应的实证研究：基于美国银行业的面板数据［J］．国际金融研究，2012（9）：72 - 78.

[50] 叶凌风．资产证券化中信息不对称问题研究［J］．金融理论与实践，2006（2）：66 - 68.

[51] 易志高，茅宁，汪丽．投资者情绪测量研究综述［J］．金融评

论, 2010 (3): 113-126.

[52] 银监会. 商业银行资本管理办法（试行）[S]. 中国银行业监督管理委员会令2012年第1号, www.cbrc.gov.cn, 2012.

[53] 袁显平, 柯大钢. 事件研究方法及其在金融经济研究中的应用[J]. 统计研究, 2006 (10): 31-35.

[54] 张超英. 关于资产证券化动因的理论探析[J]. 财贸经济, 2003 (6): 25-28.

[55] 张鸿飞. 证券化产品的市场状况、重要性和发展趋势[R]. 风险管理, 2010 (4): 25-29.

[56] 张文彬, 冯晓, 陶健. 中债资信信贷资产证券化市场运行报告[R]. 2015 (1): 1-33.

[57] 郑秀君. 后危机时代国际信用评级监管动态及启示[J]. 改革与战略, 2012, 28 (11): 119-124.

[58] 周大胜, 戴晓渊. 风险自留比例底线的挑战[J]. 中国金融, 2014 (10): 46-47.

[59] 庄毓敏. 商业银行业务与经营（第四版）[M]. 北京: 中国人民大学出版社, 2014.

[60] 邹晓梅, 张明, 高蓓. 美国资产证券化的实践: 起因、类型、问题与启示[J]. 国际金融研究, 2014 (12): 15-24.

[61] Acharya, V., Schnabl, P., Suarez, G. Securitization without Risk Transfer [J]. Journal of Financial Economics, 2013, 107: 515-536.

[62] Affinito, M., Tgliaferri, E. Why Do Banks Securitize Their Loans? Evidence from Italy [J]. Journal of Financial Stability, 2010, 6: 189-202.

[63] Agarwal, S., Chang, Y., Yavas, A. Adverse Selection in Mortgage Securitization [J]. Journal of Financial Economics, 2012, 105: 640-660.

[64] Akerlof, G. A. The Market for "Lemons": Quality Uncertainty and the Market Mechanism [J]. The Quarterly Journal of Economics, 1970, 84: 488-500.

[65] Albertazzi, U., Eramo, G., Gambacorta, L., Salleo, C. Asym-

metric Information in Securitization: An Empirical Assessment [J]. Journal of Monetary Economics, 2015, 71: 33 – 49.

[66] Ambrose, B., Lacour – Little, M., Sanders, A. Does Regulatory Capital Arbitrage, Reputation, or Asymmetric Information Drive Securitization? [J]. Journal of Financial Services Research, 2005, 28 (1): 113 – 133.

[67] An, Xu., Deng, Y., Gabriel, S. A. Asymmetric Information, Adverse Selection, and the Pricing of CMBS [J]. Journal of Financial Economics, 2011, 100: 304 – 325.

[68] Ashcraft, A. B., Schuermann, T. Understanding the Securitization of Subprime Mortgage Credit [R]. Staff Report, Federal Reserve Bank of New York, No. 318, 2008.

[69] Axelson, U. Security Design with Investor Private Information [J]. Journal of Finance, 2007, 62 (6): 2587 – 2632.

[70] Baig, S., Choudhry, M. The Mechanics of Securitization [M]. John Wiley & Sons, Inc., 2013.

[71] Baker, M., Wurgler, J. Investor Sentiment and the Cross – section of Stock Returns [J]. Journal of Finance, 2006, 61: 1645 – 1680.

[72] Baker, M., Wurgler, J. Investor Sentiment in the Stock Market [J]. Journal of Economic Perspectives, 2007, 21: 129 – 152.

[73] Bank for International Settlement. 79th Annual Report: 1 April 2008 – 31 March 2009 [R]. www.bis.org/publ/arpdf/ar2009e.pdf, 2009.06.

[74] Bannier, C. E., Hansel, D. N. Determinants of Banks' Engagement in Loan Securitization [R]. Working Paper Series, Johann – Wolfgang – Goethe – Universität Frankfurt am Main, Fachbereich Wirtschaftswissenschaften: Finance & Accounting, 2006, 171.

[75] Basel Committee on Banking Supervision and Board of the International Organization of Securities Commissions. Criteria for Identifying Simple, Transparent and Comparable Securitisations [S]. Bank for International Settlement, www.bis.org/bcbs/publ/d332.pdf, 2014.12.

[76] Basel Committee on Banking Supervision. Basel III Document: Revisions to the Securitisation Framework [S]. Bank for International Settlements, 2014.12.

[77] Basel Committee on Banking Supervision. Basel III Leverage Ratio Framework and Disclosure Requirements [S]. Bank for International Settlement, www.bis.org, 2014.

[78] Basel Committee on Banking Supervision. Basel III: A Global Regulatory Framework for More Resilient Banks and Banking Systems [S]. Bank for International Settlement, www.bis.org, 2011.

[79] Basel Committee on Banking Supervision. Reducing Excessive Variability in Banks' Regulatory Capital Ratios: A Report to the G20 [S]. Bank for International Settlement, www.bis.org, 2014.

[80] Basel Committee on Banking Supervision. Revised Pillar 3 Disclosure Requirements [S]. Bank for International Settlement, www.bis.org, 2015.

[81] Basel Committee on Banking Supervision. Revisions to the Securitisation Framework [S]. Bank for International Settlement, www.bis.org, 2015.

[82] Benmelech, E. and Dlugosz, J. The Alchemy of CDO Credit Ratings [J]. Journal of Monetary Economics, 2009, 56: 617–634.

[83] Benmelech, E., Dlugosz, J., Ivashina, V. Securitization without Adverse Selection: the Case of CLOs [J]. Journal of Financial Economics, 2002, 106: 91–113.

[84] Berger, A., DeYoung, R. Problem Loans and Cost Efficiency in Commercial Banks [J]. Journal of Banking Finance, 1997, 21: 849–870.

[85] Berndt, A., Gupta, A. Moral Hazard and Adverse Selection in the Originate-to-distribute Model of Bank Credit [J]. Journal of Monetary Economics, 2009, 56: 725–743.

[86] Boot, A., Thakor, A. Security Design [J]. Journal of Finance,

1993, 48: 1349 – 1378.

[87] Brown, G. W. , Cliff, M. T. Investor Sentiment and Asset Valuation [J]. Journal of Business, 2005, 78: 405 – 440.

[88] Bubb, R. , Kaufman, A. Securitization and Moral Hazard: Evidence from Credit Score Cutoff Rules [R]. Public Policy Discussion Papers, Federal Reserve Bank of Boston, 2011, No. 11 – 6.

[89] Calomiris, C. , Mason, J. Credit Card Securitization and Regulatory Arbitrage [J]. Journal of Financial Services Research, 2004, 26 (1): 5 – 27.

[90] Carey, M. Credit Risk in Private Debt Portfolios [J]. Journal of Finance, 1998, 53: 1363 – 1387.

[91] Chen, W. , Liu, C. C. , Ryan, S. Characteristics of Securitizations That Determine Issuers' Retention of the Risks of the Securitized Assets [J]. The Accounting Review, 2008, 83 (5): 1181 – 1215.

[92] Committee of European Banking Supervisors. Guidelines to Article 122a of the Capital Requirements Directive [S]. www. eba. europa. eu, 2010, 14 – 31.

[93] Committee on the Global Financial System. The Role of Ratings in Structured Finance: Issues and Implications [R]. Bank for International Settlement, 2005. 1.

[94] Dang, T. V. , Gorton, G. B. , Holmström, B. Ignorance and Financial Crises [R]. Working Paper, 2012.

[95] Dang, T. V. , Gorton, G. B. , Holmstrom, B. Opacity and the Optimality of Debt for Liquidity [R]. Working Paper, 2009.

[96] DeLong, J. B. , Shleifer, A. , Summers, L. H. , Waldmann, R. J. Noise Trader Risk in Financial Markets [J]. Journal of Political Economy, 1990, 98: 703 – 738.

[97] Demarzo, P. , Duffie, D. A Liquidity – based Model of Security Design [J]. Econometrica, 1999, 67: 65 – 99.

[98] DeMarzo, P. The Pooling and Tranching of Securities: A Model of Informed Intermediation [J]. The Review of Financial Studies, 2005, 18: 1 – 35.

[99] Demarzo, P., Duffie, D. A Liquidity – based Model of Security Design [J]. Economica, 1999, 67: 65 – 99.

[100] Demyank, Y., Hemert, O. V. Understanding the Subprime Mortgage Crisis [J]. Review of Financial Studies, 2011, 24: 1848 – 1880.

[101] Diamond, D. Seniority and Maturity of Debt Contracts [J]. Journal of Financial Economics, 1993, 33: 341 – 368.

[102] Diamond, D. Financial Intermediation and Delegated Monitoring [J]. Review of Economics Studies, 1984, 51: 393 – 414.

[103] Downing, C., Jaffee, D., Wallace, N. Is the Market for Mortgage Backed Securities A Market for Lemons? [J]. Review of Financial Studies 2009, 22: 2457 – 2494.

[104] Drucker, S., Mayer, C. Inside Information and Market Making in Secondary Mortgage Markets [R]. Working Paper, 2008.

[105] Elul, R. Securitization and Mortgage Default [R]. Federal Reserve Bank of Philadelphia, Working Paper, 2009.

[106] Fabozzi, F. J., Kothari, V. Securitization: The Tool of Financial Transformation [R]. Yale ICF Working Paper, 2007, No. 07 – 07.

[107] Farruggio, C., Uhde, A. Determinants of Loan Securitization in European Banking [J]. Journal of Banking and Finance, 2015, 56: 12 – 27.

[108] Federal Reserve Board. Term Asset – Backed Securities Loan Facility [S]. www.federalreserve.gov/monetarypolicy/talf.htm, 2016. 2. 16.

[109] Fender, I., Mitchell, J. Incentives and Tranche Retention in Securitisation: A Screening Model [R]. BIS Working Paper, No. 289, 2009.

[110] Frankel, A. B. The Risk of Relying on Reputational Capital: A Case Study of the 2007 Failure of New Century Financial [R]. BIS Working Paper, No. 294, 2009. 12.

[111] Glaeser, E. L. , Kallal, H. D. Thin Markets, Asymmetric Information, and Mortgage – backed Securities [J] . Journal of Financial Intermediation, 1997, 6: 64 – 86.

[112] Gorton, G. Slapped by the Invisible Hand: The Panic of 2007 [M]. Oxford University Press, 2010.

[113] Gorton, G. , Ordoñez, G. Collateral Crises [R] . Yale University, Working Paper, 2011.

[114] Gorton, G. , Pennachi, G. Financial Intermediaries and Liquidity Creation [J] . Journal of Finance, 1990, 45: 49 – 71.

[115] Gorton, G. , Souleles, N. Special Purpose Vehicles and Securitization [M] . The Risks of Financial Institutions, University of Chicago Press, 2007: 549 – 602.

[116] Gorton, G. , Pennacchi, G. Banks and Loan Sales: Marketing Nonmarketable Assets [J] . Journal of Monetary Economics, 1995, 35: 389 – 411.

[117] Greenbaum, S. I. , Thakor, A. V. Bank Funding Modes: Securitization Versus Deposits [J] . Journal of Banking and Finance, 1987, 11: 379 – 401.

[118] Gwinner, W. B. , Sanders, A. The Subprime Crisis: Implications for Emerging Markets [R] . The World Bank, Policy Research Working Paper, 4726, 2008. 9.

[119] Hand, J. R. , Holthausen, R. W. , Leftwich, R. W. The Effect of Band Rating Agency Announcements on Bond and Stock Prices [J] . Journal of Finance, 1992, 47: 733 – 752.

[120] Hanson, S. G. , Sunderam, A. Are There Too Many Safe Securities? Securitization and the Incentives for Information Production [J] . Journal of Financial Economics, 2013, 108: 565 – 584.

[121] Hartman – Glaser, B. , Piskorski, T. , Tchistyi, A. Optimal Securitization with Moral Hazard [J] . Journal of Financial Economics, 2012, 104:

186 – 202.

[122] Higgins, E., Mason, J. What Is the Value of Recourse to Asset – backed Securities? A Clinical Study of Credit Card Banks [J]. Journal of Banking and Finance, 2004, 28: 875 – 899.

[123] Holmstrom, B. Moral Hazard and Observability [J]. Bell Journal of Economics, 1979, 10: 79 – 91.

[124] International Monetary Fund. Global Financial Stability Report: Containing Systemic Risks and Restoring Financial Soundness [R]. World Economic and Financial Surveys, 2008. 4.

[125] International Monetary Fund. Global Financial Stability Report: Financial Market Turbulence – Causes, Consequences and Policies [R]. World Economic and Financial Surveys, 2007. 10.

[126] International Monetary Fund. Global Financial Stability Report: Financial Stress and Deleveraging Macrofinancial Implications and Policy [R]. World Economic and Financial Surveys, 2008. 10.

[127] International Monetary Fund. Global Financial Stability Report: Market Development and Issues [R]. World Economic and Financial Surveys, 2007. 4.

[128] International Monetary Fund. Global Financial Stability Report: Navigating the Financial Challenges Ahead [R]. World Economic and Financial Surveys, 2009. 10.

[129] International Monetary Fund. Global Financial Stability Report: Responding to the Financial Crisis and Measuring Systemic Risks [R]. World Economic and Financial Surveys, 2009. 4.

[130] International Organization of Securities Commissions. Disclosure Principles for Public Offerings and Listings of Asset – Backed Securities [R]. www. iosco. org, 2012. 2.

[131] International Organization of Securities Commissions. Global Developments in Securitization Regulation [R]. www. iosco. org, 2012. 6.

[132] International Organization of Securities Commissions. Principles for Ongoing Disclosure for Asset – Backed Securities [R]. www. iosco. org, 2012. 2.

[133] International Organization of Securities Commissions. Report on the Subprime Crisis [R]. Technical Committee of the International Organization of Securities Commissions, 2008. 5.

[134] International Organization of Securities Commissions. The Role of Credit Rating Agencies in Structured Finance Markets [R]. www. iosco. org, 2008. 5.

[135] Jiang, W., Nelson, A., Vytlacil, E. Securitization and Loan Performance: A Contrast of Ex Ante and Ex Post Realtions in the Mortgage Market [R]. Columbia University, Working Paper, 2010.

[136] Jickling, M. Causes of the Financial Crisis [R]. Congressional Research Services, www. crs. gov, 2010. 4.

[137] Judson, R. A., Owen, L. A. Estimating Dynamic Panel Data Models: A Guide for Macroeconomists [J]. Economics Letters, 1999, 65: 9 – 15.

[138] Karaoglu, N. E. Regulatory Capital and Earnings Management in Banks: the Case of Loan Sales and Securitizations [R]. University of Southern California, Working Paper, 2004.

[139] Keys, B. J., Mukherjee, T., Seru, A., Vig, V. Did Securitization Lead to Lax Screening? Evidence from Subprime Loans [J]. Quarterly Journal of Economics, 2010, 125: 307 – 362.

[140] Keys, B. J., Mukherjee, T., Seru, A., Vig, V. Financial Regulation and Securitization: Evidence from Subprime Loans [J]. Journal of Monetary Economics, 2010, 56: 700 – 720.

[141] Kiff, J., Kisser, M. Asset Securitization and Optimal Retention [R]. IMF and Vienna Graduate School of Finance, Working Paper, 2010.

[142] Lee, C., Shleifer, A., Thaler, R. Investor Sentiment and the Closed – end Fund Puzzle [J]. Journal of Finance, 1991, 46: 75 – 109.

[143] Leland, H. E. , Pyle, D. H. Informational Asymmetries, Financial Structure, and Financial Intermediation [J]. The Journal of Finance, 1977, 32: 371 – 387.

[144] Loustkina, E. The Role of Securitization in Bank Liquidity and Funding Management [J]. Journal of Fiancial Economics, 2011, 100: 663 – 684.

[145] Loutskina, E. , Strahan P. E. Securitization and the Declining Impact of Bank Finance on Loan Supply: Evidence from Mortgage Originations [J]. The Journal of Finance, 2009, 64 (2): 861 – 889.

[146] Louzis, D. P. , Vouldis, A. T. , Metaxas, V. L. Macroeconomic and Bank – specific Determinants of Non – performing Loans in Greece: A Comparative Study of Mortgage, Business and Consumer Loan Portfolio [J]. Journal of Banking & Finance, 2012, 36: 1012 – 1027.

[147] Lybeck, J. A. A Global History of the Financial Crash of 2007 – 10 [M]. Cambridge University Press, 2011.

[148] Manconi, A. , Massa, M. , Yasuda, A. The Role of Institutional Investors in Propagating the Crisis of 2007 – 2008 [J]. Journal of Financial Economics, 2012, 104: 491 – 518.

[149] Nadauld, T. D. , Weisbach, M. S. Did Securitization Affect the Cost of Corporate Debt? [J]. Journal of Financial Economics, 2012, 105: 332 – 352.

[150] Neal, R. , Wheatley, S. M. Do Measures of Investor Sentiment Predict Returns [J]. Journal of Financialand Quantitative Analysis, 1998, 33: 523 – 547.

[151] Office of the Comptroller of the Currency, Federal Deposit Insurance Corporation, Board of Governors of the Federal Reserve System and Office of Thrift Supervision. Interagency Guidance on Implicit Recourse in Asset Securitizations [S]. OCC2002 – 20.

[152] Park, S. Y. The Design of Subprime Mortgage – backed Securities and Information Insensitivity [J]. International Economic Journal, 2013, 27:

249-284.

[153] Pennacchi, G. G. Loan Sales and the Cost of Bank Capital [J]. The Journal of Finance, 1988, 43: 375-396.

[154] Public Law 111-203. Dodd-Frank Wall Street Reform and Consumer Protection Act [Z]. www.congress.gov, 2010: 524-530.

[155] Riddiough, T. Optimal Design of Asset-backed Securities [J]. Journal of Financial Intermediation, 1997, 6: 121-152.

[156] Segoviano, M., Jones, B., Lindner, P., Blankenheim, J. Securitization: Lessons Learned and the Road Ahead [R]. International Monetary Fund, Working Paper, 2013.11.

[157] Shiller, R. J. Measuring Bubble Expectations and Investor Confidence [J]. Journal of Psychology and Financial Markets, 2000, 1: 49-60.

[158] Shin, H. S. Securitization and Financial Stability [J]. Economic Journal, 2009, 119: 309-332.

[159] Shleifer, A., Vishny, R. Unstable Banking [J]. Journal of Financial Economics, 2010, 97: 306-318.

[160] SIFMA. Restoring Confidence in the Securitization Markets: A Global Initiative [R]. www.americansecuritization.com, 2008.12.

[161] Steiner, M., Heinke, V. G. Event Study Concerning International Bond Price Effects of Credit Rating Actions [J]. International Journal of Finance and Economics, 2001, 6: 139-157.

[162] Vermilyea, T., Webb, E., Kish, A. Implicit Recourse and Credit Card Securitizations: What Do Fraud Losses Reveal? [J]. Journal of Banking and Finance, 2008, 32: 1198-1208.

[163] Wansley, J. W., Glascock, J. L., Clauretie, T. M. Institutional Bond Pricing and Yields to Maturity in Bond Market Event Studies [J]. Journal of Business Finance & Accounting, 1992, 19: 733-750.

[164] Winton, A. Costly State Verification and Multiple Investors: the Role of Seniority [J]. Review of Financial Studies, 1995, 9: 91-123.

附　录

附录1：逐日累加累积超额收益参数检验结果

| \multicolumn{5}{c}{Panel A：窗口 [-2, 2]} |
date	coef	se	t	p - value
-2	0.00084	0.00010	8.20427	2.22E - 16
-1	0.00194	0.00026	7.59446	3.09E - 14
0	0.00213	0.00028	7.48389	7.22E - 14
1	0.00227	0.00031	7.36772	1.74E - 13
2	0.00261	0.00033	7.81803	5.33E - 15
\multicolumn{5}{c}{Panel B：窗口 [-5, 5]}
date	coef	se	t	p - value
-5	5.34E - 05	0.00017	0.31328	0.75407
-4	0.00029	0.00011	2.55405	0.01065
-3	0.00148	0.00025	5.90484	3.53E - 09
-2	0.00235	0.00031	7.53552	4.86E - 14
-1	0.00348	0.00039	8.98626	0
0	0.00368	0.00042	8.86042	0

续表

Panel B：窗口 [-5, 5]				
date	coef	se	t	p-value
1	0.00383	0.00044	8.77834	0
2	0.00420	0.00045	9.38522	0
3	0.00428	0.00045	9.50273	0
4	0.00440	0.00045	9.80998	0
5	0.00474	0.00051	9.36590	0
Panel C：窗口 [-5, 10]				
date	coef	se	t	p-value
-5	5.34E-05	0.00017	0.31328	0.75407
-4	0.00029	0.00011	2.55405	0.01065
-3	0.00148	0.00025	5.90484	3.53E-09
-2	0.00235	0.00031	7.53552	4.86E-14
-1	0.00348	0.00039	8.98626	0
0	0.00368	0.00042	8.86042	0
1	0.00383	0.00044	8.77834	0
2	0.00420	0.00045	9.38522	0
3	0.00428	0.00045	9.50273	0
4	0.00440	0.00045	9.80998	0
5	0.00474	0.00051	9.36591	0
6	0.00493	0.00050	9.77494	0
7	0.00505	0.00053	9.55564	0
8	0.00538	0.00059	9.16016	0
9	0.00602	0.00057	10.64180	0
10	0.00617	0.00058	10.65570	0

续表

Panel D：窗口 [-10, 10]				
date	coef	se	t	p-value
-10	0.00215	0.00034	6.32972	2.46E-10
-9	0.00253	0.00039	6.48978	8.60E-11
-8	0.00326	0.00045	7.27476	3.47E-13
-7	0.00289	0.00049	5.92031	3.21E-09
-6	0.00254	0.00048	5.25915	1.45E-07
-5	0.00269	0.00046	5.87580	4.21E-09
-4	0.00281	0.00046	6.13776	8.37E-10
-3	0.00417	0.00044	9.43376	0
-2	0.00511	0.00048	10.68861	0
-1	0.00612	0.00052	11.66354	0
0	0.00630	0.00054	11.72855	0
1	0.00635	0.00055	11.63485	0
2	0.00685	0.00057	12.05576	0
3	0.00692	0.00058	12.03535	0
4	0.00704	0.00057	12.30785	0
5	0.00744	0.00059	12.54705	0
6	0.00761	0.00060	12.68826	0
7	0.00771	0.00062	12.51191	0
8	0.00782	0.00062	12.57763	0
9	0.00856	0.00062	13.77883	0
10	0.00882	0.00064	13.83681	0

附录2：逐日累加累积超额收益非参数检验结果

Panel A：窗口 [-2, 2]				
date	N+	N	J	p-value
-2	169	213	8.56486	0
-1	164	213	7.87967	3.33E-15
0	132	213	3.49446	0.00048
1	105	213	-0.20556	0.83714
2	133	213	3.63150	0.00028

Panel B：窗口 [-5, 5]				
date	N+	N	J	p-value
-5	107	212	0.13736	0.89075
-4	123	212	2.33513	0.01954
-3	125	212	2.60985	0.00906
-2	172	212	9.06580	0.00000
-1	166	212	8.24163	2.22E-16
0	129	212	3.15929	0.00158
1	112	212	0.82416	0.40985
2	131	212	3.43401	0.00059
3	120	212	1.92305	0.05447
4	106	212	0.00000	1.00000
5	106	212	0.00000	1.00000

Panel C：窗口 [-5, 10]				
date	N+	N	J	p-value
-5	107	212	0.13736	0.89075
-4	123	212	2.33513	0.01954
-3	125	212	2.60985	0.00906
-2	172	212	9.06580	0.00000

续表

Panel C：窗口 [-5, 10]				
date	N+	N	J	p-value
-1	166	212	8.24163	2.22E-16
0	129	212	3.15929	0.00158
1	112	212	0.82416	0.40985
2	131	212	3.43401	0.00059
3	120	212	1.92305	0.05447
4	106	212	0.00000	1.00000
5	106	212	0.00000	1.00000
6	125	212	2.60985	0.00906
7	94	212	-1.64833	0.09929
8	116	212	1.37361	0.16956
9	174	212	9.34052	0.00000
10	112	212	0.82416	0.40985
Panel D：窗口 [-10, 10]				
date	N+	N	J	p-value
-10	154	202	7.45813	8.77E-14
-9	149	202	6.75454	1.43E-11
-8	138	202	5.20662	1.92E-07
-7	73	202	-3.94015	0.00008
-6	68	202	-4.64374	3.42E-06
-5	104	202	0.42216	0.67291
-4	121	202	2.81439	0.00489
-3	127	202	3.65871	0.00025
-2	168	202	9.42821	0.00000
-1	158	202	8.02101	1.11E-15
0	116	202	2.11079	0.03479

续表

Panel D：窗口 [−10, 10]				
date	N+	N	J	p-value
1	108	202	0.98504	0.32461
2	127	202	3.65871	0.00025
3	123	202	3.09583	0.00196
4	106	202	0.70360	0.48168
5	100	202	−0.14072	0.88809
6	125	202	3.37727	0.00073
7	98	202	−0.42216	0.67291
8	115	202	1.97007	0.04883
9	169	202	9.56893	0.00000
10	101	202	0.00000	1.00000

附录3：IMF 全球金融稳定地图指标构成

风险与市场状况	具体指标
货币与金融状况 Monetary and Financial Conditions	G−7 real short rates
	G−3 excess liquidity
	Financial conditions index
	Growth in official reserves
	G−3 lending conditions
风险胃口 Risk Appetite	Investor risk appetite survey
	Investor confidence index
	Emerging market fund flows
宏观经济风险 Macroeconomic Risks	World Economic Outlook global growth risks
	G−3 confidence indices
	OECD leading indicators
	Implied global trade growth
	Global breakeven inflation rates
	Mature market sovereign CDS spreads

续表

风险与市场状况	具体指标
新兴市场风险 Emerging Market Risks	Fundamental EMBIG spread
	Sovereign credit quality
	Credit growth
	Median inflation volatility
	Corporate spreads
信用风险 Credit Risks	Global corporate bond index spread
	Credit quality composition of corporate bond index
	Speculative – grade corporate default rate forecast
	Banking stability index
	Loan delinquencies
	Household balance sheet stress
市场与流动性风险 Market and Liquidity Risks	Hedge fund estimated leverage
	Net noncommercial positions in futures markets
	Common component of asset returns
	World implied equity risk premia
	Composite volatility measure
	Funding and market liquidity index

附录4：STC标准具体内容（原表）

Section	Criteria Summary	Purpose
Asset Risk	1. Nature of the assets	S, T, C
	2. Asset performance history	T, C
	3. Payment status	S, T, C
	4. Consistency of underwriting	S , C
	5. Asset selection and transfer	S, T, C
	6. Initial and ongoing data	S, T, C

续表

Section	Criteria Summary	Purpose
Structural Risk	7. Redemption cash flow	S
	8. Currency and interest rate asset and liability mismatches	S, C
	9. Payment priorities and observability	S, T, C
	10. Voting and enforcement rights	S, T, C
	11. Documentation disclosure and legal review	T, C
	12. Alignment of interests	S, C
Fiduciary and Servicer Risk	13. Fiduciary and contractual responsibilities	T, C
	14. Transparency to investors	T, C